基本养老保险基金
中央调剂制度研究

——效应评估、制度优化与中长期模拟

毛　婷◎著

西南财经大学出版社

中国·成都

图书在版编目(CIP)数据

基本养老保险基金中央调剂制度研究:效应评估、制度优化与中长期模拟 /毛婷著.—成都:西南财经大学出版社,2024.11
ISBN 978-7-5504-6033-1

Ⅰ.①基… Ⅱ.①毛… Ⅲ.①城镇—职工—基本养老保险基金—财政收支—研究—中国 Ⅳ.①F812.4

中国国家版本馆 CIP 数据核字(2023)第 251264 号

基本养老保险基金中央调剂制度研究——效应评估、制度优化与中长期模拟
JIBEN YANGLAO BAOXIAN JIJIN ZHONGYANG TIAOJI ZHIDU YANJIU——XIAOYING PINGGU、
ZHIDU YOUHUA YU ZHONGCHANGQI MONI
毛 婷 著

责任编辑:李建蓉
责任校对:王甜甜
封面设计:墨创文化
责任印制:朱曼丽

出版发行	西南财经大学出版社(四川省成都市光华村街55号)
网 址	http://cbs.swufe.edu.cn
电子邮件	bookcj@swufe.edu.cn
邮政编码	610074
电 话	028-87353785
照 排	四川胜翔数码印务设计有限公司
印 刷	成都金龙印务有限责任公司
成品尺寸	170 mm×240 mm
印 张	12.25
字 数	216 千字
版 次	2024 年 11 月第 1 版
印 次	2024 年 11 月第 1 次印刷
书 号	ISBN 978-7-5504-6033-1
定 价	68.00 元

前　言

　　为缓解省际养老保险基金负担不平衡的矛盾，提高基本养老保险制度的公平性与可持续性，中央调剂制度于 2018 年 7 月 1 日起正式实施。实施中央调剂制度是基于省级调剂制度的重要经验，全国统筹在地区差距普遍和各级政府间利益难以协调的现实情况下艰难推进的必然结果。中央调剂制度的发展与完善，一方面能够对省级调剂制度起到重要的规范与指导作用，另一方面能够给全国统筹的实现提供重要思路。

　　为深度剖析中央调剂制度的基本属性和实施原因，本书在概念辨析、理论研究和发展现状描述的基础之上，分别从普遍存在的地区差距以及难以协调的各级政府间利益的角度出发，阐明建立中央调剂制度的现实依据。

　　由于实施时间尚短，目前国内关于中央调剂制度的研究还不是十分丰富，尤其缺乏针对该制度整体性的、系统性的研究成果。为充分掌握中央调剂制度的基本运行规律，本书在已有研究成果以及理论分析的基础之上，从 2013—2017 年的历史数据出发，模拟中央调剂制度的运行，以评估中央调剂制度实施的综合效应，并探讨上解方案与下拨方案的调整对制度综合效应的影响。

　　除了在中央调剂制度的现行框架内讨论最优上解比例、最优在职参保人数与企业就业人数之比以及最合适的下拨方式和下拨总额占上解总额的比例之外，本书还突破现行中央调剂制度的基本框架，分别从激励机制引入和逆向调节效应缓解的视角出发，计算各地养老金给付慷慨程度指数与上解方案激励系数，据此确定地区间差异化的上解比例调整系数，以便构建中央调剂制度的优化方案，并与现行中央调剂制度的实施状况进行对比，对中央调剂制度优化方案效应进行检验。

　　为了验证以上中央调剂制度的运行规律以及探讨基于中央调剂制度的全国统筹实现路径，本书在人口预测的基础之上，模拟中央调剂制度在 2019—2050 年的中长期运行，一方面分析未来省级与区域间的老年抚养比的相对变化情况，另一方面通过对比中央调剂制度实施前后的企业职工基本养老保险统筹账户基金运行情况，提出进一步完善中央调剂制度和实现全国统筹的科学建议。

本书的主要研究分三步进行。

第一步，本书在现行制度框架内探讨中央调剂制度的运行规律。这一研究也分三步进行：首先，本书基于现行政策规定，以2013—2017年历史数据为依据，从上解额、下拨额、净上解额、上解额与下拨额之比、实际调剂比例以及中央调剂制度实施前后当期养老保险基金结余变化情况等指标入手，对中央调剂制度在某一年份以及某一时间段内的增量效应与存量效应进行评估。研究发现：中央调剂制度的实施能够通过养老保险基金的省级调剂来缓解部分省份的养老保险基金支付风险，同时缩小地区之间的养老保险基金差距。但中央调剂制度解决不了养老保险基金在全国总量层面的养老金支付风险。

其次，本书基于10种上解比例和4种在职参保人数与企业就业人数之比的对比方案，探讨可能的上解方案调整对中央调剂制度效应的影响。研究发现：①上解比例提高会扩大各地上解规模、下拨规模以及净上解规模的绝对值，增加全国调剂总额、人均拨付额和净流出总额，但是对调剂比例并无影响；若以各省份总当期结余方差最小为基本目标，则5.5%~6%为最优上解比例；若以全国赤字省份赤字规模最小为中央调剂制度的政策目标，则5%~5.5%为最优上解比例。②随着在职应参保人数计算方法的变化，各省份的上解额、下拨额以及净上解规模均发生了相应变化；随着企业就业人数占比的不断上升，中央调剂制度在同等条件下的调剂力度加大；若从人均当期结余标准差的角度衡量，企业就业人数这一指标的引入能够缩小地区差异。然而，现行在职应参保人数计算方法能够使得全国范围内出现当期支付缺口的省份最少，但此时无法保证当期赤字省份的赤字总规模最小。

最后，本书基于按照离退休人数占比下拨和按照赡养率占比下拨两种下拨方式以及80%、90%和100%三种下拨总额占上解总额比例的对照方案，探讨可能的下拨方案调整对中央调剂制度效应的影响。研究发现：无论以何种方式下拨，随着下拨总额占上解总额比例的提高，各省份的下拨规模均呈现扩大趋势，净上解规模均呈现缩小趋势，尽管下拨规模的扩大速度以及净上解规模的缩小速度均有所不同且均和下拨方式密切相关；下拨规模的变化不受下拨方式的影响，而与下拨总额占上解总额的比例息息相关；无论以何种方式下拨，随着下拨规模占上解规模比例的增加，净流出规模均缩小；当下拨规模占上解规模的比例不变时，若以离退休人数占比下拨，则全国范围内的实际流动资金规模更小；若以总当期结余标准差来衡量，则以赡养率占比下拨更能缩小地区差异，若以人均当期结余标准差来衡量，则结论正好相反；从缓解支付缺口的角度来看，以离退休人数占比下拨以及提高下拨总额占上解总额的比例均衡能够在一定程度上缓解支付缺口，尽管程度略有不同。

第二步，本书突破现行中央调剂制度的基本框架，构建中央调剂制度的优化方案。本书基于对中央调剂制度政策目标实现程度的评价，发现现行中央调剂制度存在两类典型的逆向调剂效应：一是制度赡养率低于全国平均水平的省份成为制度获益省份而制度赡养率高于全国平均水平的省份成为制度贡献省份；二是经济发展水平高于全国平均水平的省份成为制度获益省份而经济发展水平低于全国平均水平的省份成为制度贡献省份。本书认为，出现这种逆向调剂效应的原因是忽视了基本养老保险制度的地区间不公平因素，在中央调剂制度中设置了无差异化的"一刀切"的上解比例。据此，本书分别从考虑地区间养老金给付慷慨程度不一的因素以及嵌入提高地方政府征缴积极性的激励机制的角度，重新设置差异化的中央调剂制度上解比例。研究发现：①在同等条件下，不同地区的职工缴费规模、待遇总额均存在差异，同一地区内部的不同收入群体之间的缴费总额与待遇总额也存在差异。②如果按照最低缴费年限来测算，全部职工都将从养老保险制度中获益，除了不同地区职工的获益程度有所不同以外，同一地区的不同收入群体之间的获益程度也有所不同。③通过对上解比例进行地区间的差异化处理，两类逆向调节效应均得到了一定程度的缓解。

第三步，本书基于中长期的制度实施仿真模拟验证中央调剂制度的运行规律并探讨基于中央调剂制度的全国统筹实现路径。中长期的制度实施仿真模拟从人口预测入手。本书首先根据第六次全国人口普查中的地区人口数据，分别编制分地区、分性别的城镇居民国民生命表，利用PADIS-INT软件对分省份的城镇人口结构进行预测，然后基于劳动与退休年龄、劳动参与率、失业率以及参保率等参数设定对基本养老保险制度内人口结构进行预测，并结合养老保险基金收支模型分别对省级统筹和中央调剂制度下的各省份养老保险基金运行状况进行测算。研究发现：①未来若干年内，尽管程度有所不同，但各省份的制度内人口老龄化现象均存在加剧趋势。②省份之间的制度内老年抚养比的相对变化规律并非一成不变的，地区之间的人口老龄化差异将呈现扩大趋势，有些省份将在未来某个时间点失去人口优势。③各省份将陆续出现年度与累计基金缺口，且该现象将在某个时间段内集中出现。若维持现有政策不变，各省份的养老保险基金结余状况的差异将越来越大。同时，部分当前基金状况良好的省份在未来出现基金赤字时，其基金状况将会产生较大幅度的波动，且波动幅度远高于其他省份。④中央调剂制度的实施能有效缓解当前部分地区的支付危机、延长各省份年度缺口和累计缺口之间的缓冲时间，同时会使得部分经济发展较好的地区出现初次年度赤字与累计赤字的时点有所提前。但是，在实施中央调剂制度以后，全国范围内广泛出现累计缺口的时间段有所推迟却仍将出现的情况。因此，从总体来看，中央调剂制度的实施能够改善部分省份的基金状况，在一定程度上缓解基本养老保险制度的结构性失衡问题，但仍无法从根本上解决全国层面出现的总量失衡问题。

根据以上研究结果，本书提出了以下政策建议：完善中央调剂制度执行参数，提高政策执行精准度；通过制度统一提高地区间养老金给付的相对水平；调整生育与退休年龄等政策以完善制度内人口结构；加快国资划转并确保养老保险基金保值增值；尽快实现全国统筹等。

需要特别说明的是，尽管第七次全国人口普查结果已于2021年公布，但本书在第8章人口预测中仍使用第六次全国人口普查数据，主要基于以下考量：中央调剂制度于2018年7月1日正式实施，彼时笔者已对其给予了密切关注，并在第七次全国人口普查结果公布前基本完成了主体的数据测算工作。2021年第七次全国人口普查结果公布以后，笔者也曾多次拟更新书中相应数据。但2022年1月1日，养老保险全国统筹调剂制度正式实施。相较于中央调剂制度按一定比例上解基金收入并下拨至所有省份的做法，养老保险全国统筹调剂制度的基本原则是以存在当期结余的省份的结余基金补贴出现缺口的省份，这意味着养老保险统筹层次的进一步提高。在这种情况下，笔者认为，相较于更新数据，对养老保险全国统筹调剂制度的及时关注或将产生更大意义。因此，无论是以第六次全国人口普查结果为基础的预测，还是以第七次全国人口普查结果为基础的预测，均是为了模拟中央调剂制度的未来运行，为相关决策提供经验证据，并不会对本书的研究内容与研究结果在特定时期的有效性和适用性产生太大影响。此外，本书的探讨均不包括港澳台地区。

毛婷

2024 年 9 月

目　录

1 绪论

1.1 选题背景及研究意义

1.1.1 选题背景

按照国际标准[①]，我国自 2000 年起正式步入人口老龄化国家行列，此后我国老年人口所占比重逐年上升，至 2018 年年末，我国 65 岁及以上老年人口数达到 16 658 万，占总人口的 11.9%，老年抚养比达到 16.8%。[②] 养老保险是解决老年群体养老问题的重要制度安排（裴育 等，2019），是一个国家或地区社会保障体系的核心内容，其不仅在很大程度上决定着这个国家或地区社会保障体系建设的成效，还是国有企业改革的重要配套措施，对经济发展和社会稳定都有着十分重要的作用。其中，城镇职工基本养老保险（以下简称"基本养老保险"）制度因为参保人数多、建立时间早等，成为我国养老保险制度的重要支柱。

基本养老保险制度的确立以国务院发布《关于企业职工养老保险制度改革的决定》（国发〔1991〕33 号）为标志。近年来，随着改革的深入，基本养老保险制度不断完善，已经在模式确立、体系构建、覆盖面扩展、法制框架形成、治理规范、筹资渠道建立和管理体制优化等方面取得了巨大成就，对保障离退休人员基本生活、促进经济发展和维护社会稳定起到了十分重要的作用。然而，在充分肯定基本养老保险制度巨大成就的同

[①] 世界银行确定的人口老龄化标准为一个国家或地区的全部人口中，65 岁及以上的老年人口达到 7%或者 60 岁及以上的老年人口达到 10%，则该国家或地区进入老龄化社会；一个国家或地区的全部人口中，65 岁及以上的老年人口达到 14%，则该国家或地区进入深度老龄化社会。

[②] 数据来源：《中国统计年鉴 2019》，http://www.stats.gov.cn/tjsj/ndsj/2019/indexch.htm.

时，也必须承认，现行制度安排还存在着诸多问题。其中，以地区分割特征为基础而逐步产生的地区间结构性失衡状况日渐突出，基本养老保险统筹层次低下的发展弊端逐渐暴露，这对制度的公平性与可持续性提出了巨大挑战，成为基本养老保险制度面临困境的根本原因（杨俊，2013）。因此，随着基本养老保险制度的进一步发展，提高统筹层次、实现基础养老金全国统筹必然成为基本养老保险制度完善的重要目标。

统筹层次是衡量基本养老保险社会化水平、公民权益保障法治化程度和公平程度的重要标志，同时也体现出一国公共治理体系和治理能力的现代化水平（庞凤喜 等，2016）。作为一种保险制度，基本养老保险制度的保险属性决定了较高统筹层次能够比较低统筹层次更好地分散风险（刘昌平，2008）；作为一种社会制度，基本养老保险较低的统筹层次会影响制度本身的改革与发展，比如其在一定程度上会延迟社会保险税的开征、削弱养老保险基金的调剂能力以及影响参保个体的养老保险福利待遇等，从而对制度的公平性与可持续性提出挑战；作为一种经济制度，基本养老保险较低的统筹层次还可能通过不公平的再分配机制反向作用于初次分配，给顺畅的劳动力流动和统一的劳动力市场构建带来巨大阻碍。

我国基本养老保险统筹层次的改革可以追溯到"文化大革命"以后的社会养老保险制度恢复与探索时期。然而，尽管我国基本养老保险统筹层次的变迁经历了漫长的过程，但提高基本养老保险统筹层次的进展仍十分缓慢，社会各界对养老保险全国统筹的普遍支持与其在实践中的艰难推进形成了巨大反差（郭秀云、邵明波，2019）。至 1990 年年底，全国 96% 的县市初步实现养老保险县市级统筹（陆解分、朱玉林，2002）；至 2009 年年底，全国 31 个省（区、市）以及新疆生产建设兵团才基本实现以调剂金制度为主要特征的省级统筹[①]。从基金管理和使用方式上来看，以调剂金制度为主要特征的省级统筹并非统收统支意义上的省级统筹，即养老保险基金并非由省级政府集中管理和支配，而是由各省份采取不同的上解和下拨办法，以平衡养老保险基金的省内盈亏差异。

---

① 此时的省级统筹并非真正意义上统收统支的省级统筹，其在全国 31 个省（区、市）范围内可细分为统收统支、预算管理和省级调剂三种模式。在统收统支模式下，养老基金的收支都由省级政府进行集中支配和管理；在预算管理模式下，省级与县市级具有一定程度的利益共享和责任共担机制，同时各省份在与激励问题相关的基金征收、留存和上缴等执行办法上各不相同；在省级调剂模式下，各省份在平衡养老基金的省内各地区盈亏差异上采用不同的上解和下拨办法。

基本养老保险统筹层次的提高涉及各级政府和不同地区之间的复杂博弈，现有利益格局的改变加大了统筹层次提高的难度。提高统筹层次、实现全国统筹既需要完善制度储备和配套政策，又需要考虑各地区在经济发展、制度负担和历史债务等方面的巨大差异，以解决现实中面临的中央与地方政府之间、地方与地方政府之间的利益协调问题。鉴于这种复杂性以及经济区域发展不均和基本养老保险制度地区差异的双向增固性（贾玉娇，2019），中央调剂制度于 2018 年正式出台，成为衔接省级统筹当前状态和全国统筹目标状态之间的关键性制度。

中央调剂制度借鉴省级调剂模式，在全国范围内（不包括港澳台地区，下同）采取统一的上解和下拨办法平衡养老保险基金的省际盈亏差异。一直以来，社会各界对于实行基础养老金全国统筹的必要性和困难性几乎无异议，主要分歧在于全国统筹的目标形式及其实现路径。从省级统筹的经验来看，如果省级统筹最终能以省级调剂金的模式实现，那么，统收统支是否是全国统筹的唯一形式？全国统筹能否同样以调剂制度的形式存在？中央调剂制度将在充分学习和借鉴省级调剂模式经验的基础上，为全国统筹的最终模式提供一种新的可能。同时，中央调剂制度的实施与省级调剂制度的完善将形成良好的镜面效应。

随着中央调剂制度的初步确立与实施，推进基本养老保险统筹层次提高进入完善省级统筹、实施和优化中央调剂以促进基础养老金全国统筹的过渡性阶段。中央调剂制度的实施会给基本养老保险制度的省际发展不均带来什么样的影响？如果调整上解或者下拨的相关参数，中央调剂制度的综合效应会发生什么样的改变？作为一种再分配制度，中央调剂制度目前的设计是否存在不合理的地方？如果存在，应该基于什么样的目标对现行中央调剂制度进行优化设计？从中长期的角度来看，对比实施中央调剂制度前后的情况，各地的养老保险发展状况有什么样的改变？全国统筹究竟应当以何种方式实现？中央调剂制度的实施对于省级统筹的完善和全国统筹的推进具有什么样的意义？

基于以上背景与问题，预测基本养老保险基金中央调剂制度的调剂规模，评估基本养老保险基金中央调剂制度的综合效应，分析影响基本养老保险基金中央调剂制度的影响因素，设计并检验中央调剂制度优化方案，以及模拟中央调剂制度的未来运行以探讨全国统筹的实现时点、目标形式和实现路径，均对完善省级统筹、优化中央调剂制度甚至推进基础养老金全国统筹具有重要意义。

1.1.2 研究意义

受基本养老保险制度渐进式改革道路、中央和地方"分灶吃饭"体制以及不统一的经办管理体制等的影响，基本养老保险统筹层次的提高存在较大的难度与阻力，因而其虽提出多年，但仍进展缓慢、举步维艰。中央调剂制度的实施，有助于缩小地区差异，降低统筹层次的提高难度，缓冲全国统筹的实现阻力；有助于提升养老保险基金的统筹能力与资金实力，降低其对财政补贴的高度依赖，从而降低财政风险，优化公共财政支出；有助于促进各地养老保险负担的基本平衡，为企业创造公平合理的发展环境，促进区域经济社会协调发展；有助于推动基本养老保险制度的改革与发展，完善基本养老保险制度。

基于此，本书具有以下四点研究意义。第一，基于历史数据模拟中央调剂制度的运行并对其综合效应进行评估是掌握中央调剂制度的运行规律、优化和完善中央调剂制度的基础工作，能为中央调剂制度的下一步调整提供实证依据。"试点先行""梯次推进"和地方政府享有一定自主决策权的养老保险发展模式决定了基本养老保险制度省际发展差异出现的必然性。地区分割导致不同统筹地区的基本养老保险基金无法调剂使用，地区间负担畸轻畸重，出现基金结余和赤字并存的局面。2018 年，全国养老保险基金收入 5.1 万亿元，支出 4.4 万亿元，当期结余 0.7 万亿元，累计结余 5.09 万亿元，4 个省份出现当期基金赤字，1 个省份出现累计基金赤字。其中，广东省基金收入 4 571.3 亿元，江苏省基金支出 3 401 亿元，分别为基金收入和基金支出规模最大的省份；西藏自治区基金收入仅 110.5 亿元，支出仅 94.7 亿元，为基金收入和基金支出规模最小的省份；广东省当期基金结余高达 2 120.7 亿元，辽宁省当期基金结余为-371.1 亿元，分别为当期基金结余规模最大和最小的省份，其差额达 2 491.8 亿元；同时，广东省累计基金结余高达 11 128.8 亿元，黑龙江省累计基金结余为-557.2 亿元，分别为累计基金结余规模最大和最小的省份，其差额高达 11 686 亿元[①]。基本养老保险制度改革是一项综合性的复杂工程，基于历史数据模拟中央调剂制度的运行，测算省级和全国调剂规模，并评估其可能产生的

---

① 数据来源:《中国统计年鉴 2019》，http://www.stats.gov.cn/tjsj/ndsj/2018/indexch.htm。

积极或消极效应，是进一步推进中央调剂制度实施与完善的坚实基础。

第二，探讨上解和下拨方案的调整对中央调剂制度的综合效应带来的影响能为中央调剂制度的进一步优化和完善指明方向。中央调剂基金的筹集和拨付方案是中央调剂制度的核心组成部分，在现行的中央调剂制度的上解方案中，某省份的上解额由该省份的在职应参保人数、职工平均工资和上解比例确定，其中，在职应参保人数以在职参保人数和国家统计局公布的企业就业人数的平均值计；下拨额由该省份的离退休人数占比和上解总规模确定。2017年，中央调剂制度上解比例为3%，2019年，为加大调剂力度，上解比例提高至3.5%。以全国中央调剂基金规模为例，2018年地方上缴中央调剂基金收入为2 413.3亿元①，若彼时上解比例为3.5%，则当年地方上缴中央调剂基金收入将达到2 815.5亿元。可见，随着上解比例和在职参保人数与企业就业人数的计算比例等上解关键参数以及下拨方式和下拨总额占上解总额的比例等下拨关键参数的变化，各省份与全国的上解规模、下拨规模和净上解规模均会发生相应变化，从而给中央调剂制度的综合效应带来正面或负面的影响。以缩小地区差异和缓解支付缺口作为中央调剂制度的基本政策目标，探讨是否存在最优上解比例，如何充分发挥中央调剂制度激励地方扩面作用以及以离退休人数占比下拨且上解总额全部下拨的方式是否为中央调剂制度下拨的最好方式等问题，对于中央调剂制度的进一步优化和完善具有十分重要的现实意义。

第三，剖析中央调剂制度的逆向调剂效应并针对性地提出优化方案能有效规避中央调剂制度实施过程中的风险、充分发挥制度积极作用。中央调剂制度能在一定程度上缩小地区差异和缓解支付缺口，但受制度设计本身"一刀切"以及未考虑部分地区过于慷慨的养老金给付的影响，中央调剂制度在"劫富济贫"的过程中难以避免转移支付方向不够精准甚至部分省份受益与贡献角色错位的现象。本书将基于历史数据对中央调剂制度模拟运行过程中产生的逆向调节效应的表现和根本原因加以分析，探讨如何解决逆向调节问题，并综合考虑激励机制嵌入，据此提出中央调剂制度的优化方案并进行检验。对中央调剂制度逆向调节效应的充分认识能够有效规避制度运行过程中的潜在风险，充分发挥制度的积极作用，真正做到"扬长避短"。中央调剂制度的优化与完善一方面有助于省际养老金给付再

---

① 数据来源：http://czj.jiuquan.gov.cn/xinwenzixun/caizhengxinwen/20190627/152247242bf976.htm。

分配效应与公平性的提升，另一方面有助于省级调剂制度的调整与完善。同时，本书针对中央调剂制度优化方案是否缓解了逆向调节且提高了养老保险制度的相对公平性的探讨也将进一步丰富公平理论。此外，如何以完善中央调剂制度为契机，推进全国统筹，秉持"保基本"原则，建立养老保险精算平衡机制，明晰中央与地方政府责任，对于进一步优化和完善基本养老保险制度、优化公共财政支出和建设全国统一的、更加公平和更有效率的劳动力市场具有十分重要的意义。

第四，基于地区人口结构和养老保险基金收支预测数据对未来年份的中央调剂制度进行政策仿真，对于进一步探讨全国统筹实现时点、目标形式和可行路径具有重要意义。根据基本养老保险制度中"当年基金结余＝在职职工缴费收入−退休职工养老金支出"的基本公式，制度内人口结构是养老保险基金收支测算的基础。根据相关数据①，各地区的制度内人口结构差异极大，2018 年全国范围内参保职工最多的省份为广东省（4 283万人），最少的省份为西藏自治区（36.6 万人）；参保离退休职工最多的省份为四川省（881.6 万人），最少的省份为西藏自治区（9.6 万人）；制度内老年抚养比最低的省份为广东省（0.149），最高的省份为黑龙江省（0.788）。同时，受各地区经济发展状况各异带来的工资水平差异的影响，省际养老保险基金收支状况必然不同。基于各地区人口结构以及经济发展的预测数据对未来年份的中央调剂制度进行政策仿真，分析中央调剂制度的实施究竟对缩小养老保险制度发展的省际差异和缓解部分省份的养老金支付风险会产生多大作用，并结合政策仿真结果探寻全国统筹的可能实现时点、目标形式与可行路径，对于推进全国统筹具有十分重要的现实意义。

1.2　国内外研究现状及述评

1.2.1　国外研究现状

1.2.1.1　关于养老保险制度的研究

回溯国外养老保险制度的发展，关于养老保险制度的研究方向主要集中于目标定位、筹资模式、可能的挑战、改革路径和优化方案等领域。

---

① 数据来源：《中国统计年鉴 2019》，http://www.stats.gov.cn/tjsj/ndsj/2018/indexch.htm。

Nicholas Barr（2001）和 Peter Diamond（2006）将养老保险定位为具有预防长寿风险、平滑一生消费、救济贫困、收入再分配和促进经济增长等多重目标的公共产品。养老保险制度有三种基本的筹资模式，即现收现付制、完全积累制和部分积累制。国外不少学者围绕筹资模式对制度内参数的影响、筹资模式与制度外因素的互动两条主线对筹资模式在应对人口老龄化挑战的能力（Farrington et al.，2004；Whiteford P and Whiehouse E. R，2006）以及筹资模式对储蓄（Martin Feldstein，1974）、经济增长（Herry Aaron，1982；Laurence J. Kotlikoff et al.，1987）、劳动力市场（Robert J. Barro，1978；Robert J. Barro and Glenn M. Macdonald，1979）、投资运营（Laurence J. Kotlikoff and Avia Spivk，1981）、养老保险制度运行有效性（Levin Lawrence，1998）和公平性（Nicholas Barr，2003）等方面的影响进行了深入研究，认为未来养老保险制度将面临人口老龄化、转轨成本以及资本市场完善等基本挑战，养老保险制度的改革与优化应当集中在转轨成本处理和投资运营体系构建上。

以上研究虽与统筹层次的提高和中央调剂制度没有直接关联，但其中大多数研究所涉及的问题都能因为统筹层次的提高而有所改善，因此能从侧面反映出提高养老保险统筹层次和完善中央调剂制度的重大意义。此外，关于养老保险制度的基本原理及机制的研究在国外也十分成熟，这类研究虽为基础研究，但能为包括提高统筹层次在内的养老保险制度领域的诸多现实问题奠定重要的理论基础。这一类的代表性研究有：Kaldor（1939）和 Hicks（1941）的假想补偿理论、Samuelson（1947）的社会福利函数、Rawls（1999）的社会公平理论、Diamond（1977）的政府父爱主义理论、Kenneth J. Arrow 等（1972）的社会选择理论、Roger Nakes（1953）的均衡发展理论、Espin Anderson（2010）关于福利国家中政府与市场的关系以及帕累托改进的相关论述、Nicholas Barr（2003）的福利国家理论以及 Rofman Rand 和 Lucchetti L.（2006）的以覆盖面、恰当性和可持续性为代表的养老金评价指标体系等。

1.2.1.2 关于提高养老保险统筹层次优势的研究

提高统筹层次是养老保险制度发展的一般规律，也是制度走向成熟的重要标志。随着世界各国社会保障制度的不断发展与完善，尤其是随着均衡发展和整体性治理等理论的兴起，在全世界实行养老保险的160多个国家里，几乎所有国家都实现了全国统筹（郑功成，2010）。因此，国外直接针对统筹层次的研究成果相对较少，少有的与统筹层次相关的研究多集中探讨提高养老保险统筹层次的优势。从大数法则的角度来考虑，统筹层次越高意味着养老保险制度的运作范围和基金规模越大，大数法则的规模效应越明显，同时受到边际成本递减的影响越小，养老保险基金的管理成本越低（Olivia Mitchell，1998）；从养老保险制度发展的角度来考虑，统筹层次的提高有利于扩大养老保险制度覆盖面和平衡养老保险制度的财政收支（Kjetil Sletten，2000）；从劳动经济学的角度来考虑，统筹层次的提高能有效消除劳动力自由流动的阻碍，促进劳动力市场的整体发展（Joseph Stiglitz，2000）。

1.2.1.3 关于我国养老保险统筹层次现状的研究

尽管国外不存在提高养老保险统筹层次的课题，但仍有不少学者对我国的养老保险统筹层次问题表现出了极大的关注。他们的研究结果普遍认为，我国企业职工基本养老保险制度自确立统账结合模式以来，取得了不容忽视的成就（John B. Williamson and Catherine Deitelbaum，2005）。但我国基本养老保险的统筹层次尚处在较低的阶段，地区分割现象突出，这种较低的统筹层次带来了一系列问题。一是低统筹层次造成的不同所有制企业之间和不同地区之间的缴费率不统一（Tamara Trinh，2006），加上难以忽略的地区间经济发展差异，已经严重影响了非国有企业的参保积极性（Takayama，2000），同时给制度内部、企业之间和地区之间的公平性带来了巨大挑战；二是割裂的养老保险制度严重阻碍了劳动力的自由流动和统一的劳动力市场建设；三是养老保险制度的地区分割现状带来了严重的基金支付与财政支付风险。提高统筹层次，完善养老保险制度对于建设劳动力市场和发展经济有着重要作用（Joseph E. Stiglitz，2000）。然而，受到我国中央政府、地方政府和不同所有制企业之间的利益冲突（Mark Selden et al.，1997）以及我国社会保险法律标准不完善（Johanna Rickne，2013）等因素的影响，提高统筹层次的进程十分缓慢。

1.2.2 国内研究现状

中央调剂制度可被定义为实现基本养老保险全国统筹以前的过渡性制度，实施中央调剂制度的阶段可被认为是基本养老保险省级统筹与全国统筹之间的过渡性阶段。作为实现基本养老保险全国统筹的重要路径之一，深入研究中央调剂制度离不开对我国基本养老保险统筹层次的探讨。对我国基本养老保险统筹层次的探讨可以分为"现状"和"目标"两大部分。基本养老保险统筹层次的现状研究包括低统筹层次的表现、问题及原因研究；基本养老保险统筹层次的目标研究包括提高统筹层次的原因、阻碍和全国统筹目标的状态研究。其中，低统筹层次带来的问题研究对应于提高统筹层次的原因研究，全国统筹目标状态的研究对应于实现路径的研究，而中央调剂制度就是三种全国统筹实施路径（结构性改革、渐进式改革和过渡式改革）中的一种重要方案代表。基于以上分析，围绕中央调剂制度的国内研究综述将从以下六个方面展开。

1.2.2.1 关于基本养老保险低统筹层次的表现及产生原因的研究

基本养老保险统筹层次较低主要表现在地区差距上。从微观个人角度探讨地区差距的学者以代表性个体代替地区作为测算单位，从比较该个体在全国不同地区参加基本养老保险所获得的内含报酬率和替代率等指标与当地工资增长率的角度来探讨地区微观差距（彭浩然、吕玉红，2009）。

从宏观整体角度探讨地区差距的学者认为，我国 31 个省（区、市）在历史债务、养老保险待遇、负担水平和人口结构等角度的差距造成了各省（区、市）在养老保险基金偿付能力上的巨大差距（王晓军、赵彤，2006）。区域间人口结构、经济发展水平和养老金历史债务等方面的差异既是基本养老保险低统筹层次的表现，也是阻碍养老保险统筹层次提高的关键因素。

从养老保险制度要素的角度来探讨地区差距的学者则从省级统筹的进展速度、养老保险统筹对象与范围、筹资模式和计发办法、征缴体制以及管理机制和管理体系等方面进行说明。其具体表现为：各省份实现省级统筹的进展不一致，部分省份早已实现省级统收统支，而部分省份仍是省级调剂金制度（林毓铭，2007）；各省份养老保险统筹对象与范围不一致，部分省份的省级统筹包括国有、私营和外资等多种企业类型，而部分省份的省级统筹仅包括行政和事业单位（张利军，2009）；1995 年出台的两套改革方案导致各省份筹资模式和计发办法不统一（卢建平，2014）；社保局征收和税务部门征收的两种不同征缴体制并存（郭曦 等，2016）；各地管理机制与管理体系不统一等（房连泉，2019）。

基本养老保险统筹层次较低的原因可从历史原因和现实原因两个角度分析。从历史原因的角度来讲，在推行养老保险制度社会统筹改革时期，为减轻改革阻力，采取由地方政府决定退休费用社会统筹的实施范围的做法给予了地方政府极大的自主决定权（郑功成 等，2002）。从现实原因的角度来讲，考虑到养老保险制度与地方经济发展、财政税收政策和企业利益分配密切相关，各地存在设定相异的养老保险制度基本参数的动因（李婷婷，2012），比如为了招商引资而在政策可操作范围内降低实际缴费率水平。

1.2.2.2 关于较低统筹层次带来的问题以及提高统筹层次的原因的研究

国内学界对于较低统筹层次带来的问题几乎达成共识，较低的养老保险统筹层次对于明确中央与地方等各级政府责任、提高基本养老保险制度可持续性以及劳动力市场的合理配置均具有不利影响。相对应地，提高基本养老保险统筹层次就是为了解决较低统筹层次带来的问题。从更深层次来讲，提高统筹层次也具有其内在必要性。这种内在必要性主要体现在对基本养老保险制度的完善和对劳动力市场与经济发展带来的积极作用两方面。对基本养老保险制度的完善体现在缓解基金缺口、优化收入再分配效应、促进运行与投资机制的完善等方面；对劳动力市场与经济发展带来的积极作用体现在促进地区经济发展和劳动力合理流动等方面。

从缓解基金缺口的角度来看，如果将统筹层次从省级提高到全国，那么养老保险基金的跨省调剂和流动将会使得部分省份出现的基金缺口在养老保险系统内消除（李连芬、刘德伟，2015），约半数省份的收不抵支问题都将被养老保险制度"内化"（郑秉文、孙永勇，2012），统筹账户短期内的收不抵支问题将会迎刃而解（邓大松、杨晶，2018），进而将在极大程度上缓解财政补贴压力（王银梅、李静，2018）和满足预定目标替代率的偿付要求（万春、邱长溶，2006）。这类研究多采用构建精算平衡模型的方法，也有少数学者采用双重差分方法或者基于制度变迁的成本——收益框架进行分析。

从充分发挥收入再分配效应的角度来看，基本养老保险制度是一种具有收入调节和财富分配功能的准公共物品，收入再分配效应可以体现在代内不同收入和不同职业的群体之间，也可以体现在不同代际和不同地区的群体之间。较低的统筹层次限制了养老保险制度发挥收入再分配效应的范围，形成了割裂的养老保险制度安排，这使得地区间养老保险待遇差距过大（褚福灵，2013；郑功成，2014），养老保险制度区域间利益格局失衡（郑功成，2015），不利于市场竞争的公平与公正性的实现（白维军、童星，2010）。如果提高统筹层次，将基本养老保险作为中央政府事权，将有利于中央政府行使收入调节和财富分配功能，实现不同地区、不同阶层以及同一阶层内不同收入群体之间的收入分配状态均衡，增强收入分配的公平性（贾洪波、方倩，2015；邓悦、汪佳龙，2018）。

从完善运行机制和投资机制的角度来看，基本养老保险的统筹层次越高，其作用范围越大，统筹的资金量越多，越有利于调剂地区余缺，减轻财政支出压力并增强制度抵御风险的能力（陈元刚 等，2012；李连芬、刘德伟，2013）。同时，全国统筹基金可用于补偿部分地区因缴费率降低导致的收支缺口，其不仅对降低缴费率的实现具有积极意义，还有利于中央财政在统一的制度框架内统筹安排，提高财政补贴的合理性（陈曦 等，2019）。更重要的是，如果从我国养老保险基金保值增值的现状与难点角度考虑，目前我国养老保险基金保值增值难的原因除了投资渠道单一、养老金缺口对财务可持续性与稳健性产生负面影响以及制度设计的不合理等方面之外，养老保险较低的统筹层次也会带来地区养老保险基金的分裂，从而在很大程度上削弱养老保险基金投资运营的规模效应（杨晶，2018）。

从促进地区经济均衡发展和营造公平的市场经济环境的角度来看，基本养老保险制度作为一种准公共物品直接或间接参与宏观经济运行，可在一定程度上保持和促进宏观经济稳定。基本养老保险制度直接参与宏观经济运行体现在：养老保险缴费作为社会保险缴费成本的重要组成部分，直接影响企业经营成本，从而对地区经济发展产生影响。具体来说，较低的企业经营成本能够使得企业具有较强的竞争力，较高的企业经营成本会影响投资和就业（陈曦 等，2019）。因此，在较低的统筹层次下，地区间差异化的养老保险缴费基数和缴费率使得不同地区的企业面临着差异化的缴费负担，从而使得各地区无法获得相对公平的获取投资的机会，不利于地区之间经济社会均衡发展的实现（郑秉文，2008）。基本养老保险制度间接参与宏观经济运行体现在：个人作为经济社会发展的重要参与者，基本养老金能对其生命周期内的消费起到调节与平滑作用。通过建立基本养老保险制度，相当于由政府对退休人员个人实行转移支付，其在直接影响个人福利的同时，可刺激消费需求，促进经济发展（穆怀中、张楠，2018）。

从促进劳动力合理流动和构建全国统一的劳动力市场的角度来看，养老保险关系转移接续的顺畅进行是劳动力自由、有序流动的前提和基本条件，对此，国内外学界已达成共识（Joseph E. Stiglitz，2000；朱金楠，

2011）。但在实际运行过程中，尽管国务院早在 2009 年就颁布了《城镇企业职工基本养老保险关系转移接续暂行办法》（国办发〔2009〕66 号），但由于地区间政府博弈，部分转移统筹账户基金仍不能完全解决劳动力自由流动问题。因此，亟须建立全国统一的社会保障体系以促进劳动力自由流动，促进全国性劳动力市场的构建。将养老保险统筹层次从省级提高到全国正好能够打破省际劳动力自由流动的壁垒，从根源上解决养老保险关系转移接续问题。

1.2.2.3　关于提高统筹层次的阻碍与进展的研究

不同学者纷纷从不同的角度探讨全国统筹的根本出路（刘伟兵 等，2018；穆怀中 等，2014；夏珺、李春根，2016；周宵、刘洋，2019）。然而，基础养老金中央财政责任（邓大松、薛惠元，2018）及其承受能力的不明晰（庞凤喜 等，2016），中央和地方利益的不统一、碎片化制度管理和地方参与较高层次统筹的积极性降低（林毓铭，2013；邓大松 等，2019），不同地区养老金待遇不公平（林宝，2016）和全国统筹的债务风险等问题（卞听韵，2014；齐海鹏 等，2016）严重阻碍和制约着顶层设计方案的确立与实施的可操作性。综合已有研究成果，可以发现提高统筹层次的阻碍主要可以分为两大类，一类是在人口、经济与制度等方面体现出的巨大地区差异，一类是由地区差异引发的地方政府间保护主义、利益冲突和道德风险等问题导致的央地政府与企业等各大主体间的责任分配不明晰。

地区差异是推进养老保险全国统筹的主要动因，也是养老保险全国统筹实现过程中的重要阻力。地区差异主要体现在人口、经济和制度三个方面（杨俊，2013；林宝，2018；王广州、王军，2019）。其中，人口与经济上的地区差异将在相当长一段时间内继续存在且无法消除。中华人民共和国成立以来，我国人口老龄化现象总体呈现出"孕育—稳升—速升"三个阶段，在地区之间体现出"东部领跑、中西加速"的态势（杨菊华 等，2019）。除了人口因素与经济发展的差异以外，养老保险制度本身的地区差异主要体现在缴费基数和缴费率的不统一（韩克庆，2018）、计发办法与替代率的差异（董克用、施文凯，2019）以及管理体系与平台的不统一（林毓铭，2007）。

地区差异阻碍全国统筹实现的根本原因是区域间发展水平差距和地方利己主义行为（林毓铭，2007；郑功成，2010；李雪、陈元刚，2011）。

其具体表现在：其一，低缴费成本、高收入地区的养老金水平下降会导致其统筹意愿偏低。如果在假定全国统筹的情况下对职工基本养老保险收支进行测算，则会有 23 个地区的缴费负担有所下降，8 个地区的有所增加，且负担加重的地区集中在东部发达地区（郑功成，2015）。其二，不同地区的参保人口规模、人口结构以及工资水平等，会导致基本养老保险历史债务水平在地区间出现差异。在这种情况下实现全国统筹，将会出现养老保险基金由历史债务较低地区向历史债务较高地区转移，导致地区间矛盾（肖严华，2011）。

权责清晰是实现养老保险全国统筹的重要基础（何文炯，2018），不明晰的责任分配机制是阻碍养老保险统筹层次提高的另一大重要原因。政府间不明晰的责任分配机制主要体现在四个方面的责任分配与利益矛盾上：中央政府与地方政府之间、地方政府与企业之间、地方政府之间以及企业与职工之间。协调各方利益矛盾是推进基本养老保险全国统筹的关键步骤（马凯旋、侯风云，2014）。央地关系类研究多基于博弈论（邓悦、汪佳龙，2018）和委托—代理模型（白彦锋、王秀园，2018）开展，也有少数学者基于需求者流动和需求者差异的分析框架（鲁全，2015）进行。相关定性研究表明：中央与地方两级政府之间的最优策略选择随受惩罚力度的不同而改变，如果能够由中央政府给予地方政府一定的激励，则能消除二者博弈带来的效率损失，并实现养老保险中央调剂制度下的激励相容（邓悦、汪佳龙，2018；白彦锋、王秀园，2018）。相关定量研究则从缴费补贴、待遇补贴、缺口补贴和基金预算等角度对养老保险全国统筹过程中的中央和地方责任进行了具体分配（鲁全，2015）。

在地方政府之间关系的研究中比较有代表性的观点是"逐底竞争"。持这种观点的学者认为，在养老保险省级统筹条件下，地方政府对养老保险征缴存在逐底竞争行为。即地方政府为了降低企业成本、吸引投资，从而促进经济发展，会放松对养老保险征缴的监管，这在一定程度上导致实际缴费率下降，养老保险基金实际收入低于理论征缴收入，基金收支缺口增加。在地方政府需要承担财政兜底责任之时，其有可能通过放松征缴监管来逐底竞争，随着全国统筹的实现，财政兜底责任上升到中央政府，地方政府有了更大的动机来放松征缴监管（彭浩然 等，2018）。地方政府逐底竞争带来的后果是随着全国统筹将养老保险制度事权由地方政府上升到中央政府，中央政府将承担财政兜底责任，因此将会面临多大的财政补贴风险是中央政府责任确定的重要课题（何文炯，2018）。研究表明，若以2014 年北京标准为全国统一的支付标准，则中央财政完全有能力在当年保障基础养老金的供给；但随着时间推移，2015—2050 年中央财政压力将随着离退休人数的增加和支付标准的上浮而加大（庞凤喜 等，2016）。

1.2.2.4 关于全国统筹的目标状态与提高统筹层次的路径的研究

基本养老保险全国统筹意味着其制度模式、缴费、待遇和经办管理等方面的多项统一。其中，现行计发办法无法满足统筹层次提高的需求，必须制定统一的、合理的待遇确定方法以实现养老保险全国统筹成为学界共识。针对这一问题，不同学者在自己的研究视角和研究框架下，主要提出了以下三种研究方案。一是在考虑财政压力和统筹阻力等因素的基础上，提出以"均等化的全国基础养老金+地方附加基础养老金"模式（龚秀全，2007；郑功成，2008；雷晓康、席恒，2011；邓大松、薛惠元，2018）构建"福利补偿"（刘伟兵 等，2018）的全国统筹方案；在全国统筹的国民基础养老金框架下，更进一步提出以"折扣"费率将农业劳动者、个体劳动者等纳入统一的国民基础养老金范畴（肖严华、左学金，2015）；在赋予地方设定"养老金附加"的权限上，更进一步提出考虑在统一规则下由地方负责管理和运营养老金的个人账户部分，以满足地区发展水平和人口结构等本土状况因地制宜的现实诉求（郭秀云、邵明波，2019）。二是基于养老金计发办法和约束因素，提出分层平均统筹类型与分比例统筹类型下的全国统筹方案，并在此基础上测算不同的全国统筹方案下的收入再分配系数（穆怀中 等，2014；邓大松、杨晶，2019），并以收入再分配系数为判断指标，得出10% 替代率的中央统筹方案为全国统筹起步方案（穆怀中 等，2014）。三是以实现全国统筹过程中的横向公平和纵向公平为目标，将缴费率纳入基础养老金待遇的计算公式，提出将实际缴费率与制度缴费率的比值进行加权的基础养老金待遇计发办法（林宝，2016）。

综合已有研究成果，全国统筹的实施路径可以分为渐进型统筹方案、过渡型统筹方案和激进型统筹方案三种（见表 1-1）。渐进型统筹方案指在现行制度与政策的基础上，上升养老保险事权，逐步提高统筹层次以实现中央政府层面的基金统收统支和统一使用（房连泉，2019）。该方案的关键在于处理中央与地方的利益冲突和改革财政分配机制（郑功成，2010；何文炯、杨一心，2016）。激进型统筹方案指通过最彻底的制度性改革，变更"统账结合"的基本模式，从根源上解决全国统筹的障碍。该方案的难点在于对改革成本的评估与处理。过渡型统筹方案指通过中央调剂制度逐步向全国统筹过渡。该方案建立在省级调剂制度的基础之上，关键在于如何与全国统筹衔接。

表 1-1　已有文献中的三种全国统筹方案对比

	渐进型统筹方案	过渡型统筹方案	激进型统筹方案
主要内容	在维持现行制度与政策不变的前提下，上升养老保险事权，逐步实现全国统筹	建立中央调剂制度，设计调剂制度与全国统筹的衔接方案，逐步向全国统筹过渡	调整基本养老保险制度，通过制度的结构性改革实现全国统筹
优势	转轨成本低	实施阻力小	改革彻底
劣势	改革时间长；央地政府利益冲突难以解决	技术性措施无法从根本上解决地区差异与劳动力流动障碍；存在新的道德风险	新制度下的不确定因素
利益相关方分析	靠行政指令推进，决策部门有决策意愿，但受制于财政兜底压力而难于出台政策；地方执行部门利益分化导致不同地区支持或反对意愿不一	调剂政策正在推进；过渡型政策能降低地方阻力，但不同地区支持或反对意愿不一	决策部门的决策难度大；改革可能带来地方既得利益分化

注：根据相关文献整理。

1.2.2.5　关于渐进型统筹方案和激进型统筹方案的研究

持渐进型统筹方案的学者的主要观点是省际经济差距大和央地政府利益博弈与冲突不容忽视导致全国统筹实现难度大，因此，采取"稳定省级统筹，促进全国调剂"的渐进式改革思路更符合中国现实（白维军、童星，2011；张彬斌，2014；卢建平，2014）。渐进型统筹方案设计的关键点之一在于实现从"部分全国统筹"到"全国统筹全覆盖"的跨度，分步骤解决核心问题（吴俊泽，2016），即实现全国统筹的阶段划分。对此，不同学者持有不同观点，张利军（2009）主张实现全国统筹应当分实现省级统筹、建立全国统一预算对各省份养老保险基金余缺调剂和实现全国统收统支三步；张向达等（2011）则将实现基本养老保险全国统筹的路径设定为三步，首先实现统收支的省级统筹，其次按照东中西部划分实现基本养老保险区域统筹，最后实现全国统筹；董登新和周亚娇（2017）则提出，充分协调并兼容各方主体利益，分四步实施渐进式变迁方案；还有极少数学者提出从流动人口角度出发，随着流动人口统筹的扩大逐步实现全国统筹（吴刚强、董金岗，2015）。渐进型统筹方案设计的另一个关键点在于，在实现全国统筹之前，需一方面主张先巩固省级统筹（白维军、童星，2011），另一方面推行相关措施对基本养老保险制度进行完善。这些措施包括进行养老保险基金预算改革等在内的 6 项改革措施（林毓铭，2013），在全国统筹开展前施行"剥离旧账、差别补贴"政策，明晰新旧政策的责任以减少改革阻力（栾富凯，2017）等。

激进型统筹方案的主要观点是调整基本养老保险制度，以结构性改革实现全国统筹，持该观点的学者考虑到渐进式改革会积累更多问题，积重难返，反而会进一步提高改革成本，因此主张跳过省级统筹，直接进入全国统筹模式（龚秀全，2007；胡秋明，2011；雷晓康、席恒，2011）。结构性改革的国际经验源于瑞典。1998 年以前，瑞典传统养老保险制度为待遇确定型现收现付制公共养老金模式，养老金体系由国民养老金和收入关联型养老金组成，缴费来自对雇主征收的工薪税。为了提升养老金制度的激励性和持续性，瑞典于 1998 年进行较大幅度的结构性养老金改革。改革以后，瑞典养老金体系分为保障养老金和个人账户养老金。其中，保障养老金替代原来的国民养老金，为针对低收入群体的社会救助计划，个人账户养老金由雇员和雇主合计缴费工资的 18.5%组成，其中 16%进入个人名义账户，2.5%进入积累制账户（胡玉琴，2011）。不同学者对结构性改革的具体做法持不同观点，或将个人账户从第一支柱转至第二支柱，以较低的社会统筹比例实现基础养老金全国统筹（肖严华，2011）；或在现行制度结构的基础上引入收入关联性养老金，剥离和取消待遇计发公式中的社会平均工资水平部分（房连泉，2019）；或直接借鉴瑞典模式，改革统账结合制度，实行国民年金加名义账户式的"新统账结合"制度（房连泉，2019）。

1.2.2.6 关于过渡型统筹方案和中央调剂制度的研究

持过渡型统筹方案的学者与持渐进型统筹方案的学者在某些观点上具有一致性，比如他们都认为现阶段直接实现全国统筹的成本比较高，区域间经济发展水平和差距以及固化的地方利益使得一步到位实现基本养老保险全国统筹的阻力较大。然而，在对推进全国统筹的难度有相同认知的情况下，渐进型统筹方案的支持者选择了在维持现行制度与政策不变的前提下，分阶段实现养老保险全国统筹；过渡型统筹方案的支持者则主张先行推出全国调剂金制度，在完善省级调剂制度和实现省级统筹的基础上，全面促进养老金的全国调剂，之后再逐步过渡到全国统筹（徐森、米红，2014；刘兴鹏，2014）。

随着 2018 年中央调剂制度的正式出台，过渡型统筹方案的支持者们也将主要研究内容转向中央调剂制度。围绕中央调剂制度的研究主要以定量方式（回归方法、因子分析方法、聚类分析方法和空间杜宾模型等）展开，此类研究的基础是采用养老保险精算方法测算各省份中央调剂基金的上解和拨付规模。在此基础上，部分学者从实施中央调剂制度前后地区养老金制度的运行差异（裴育 等，2019）、对其他地区养老金替代率的正向空间溢出效应（金银凤、史梦昱，2019）、对各省（区、市）基本养老保险基金可持续性和财政补贴的影响（石晨曦、曾益，2019；毛婷，2020）、对全国养老保险基金备付月数不均衡的改善程度（房连泉、魏茂淼，2019）和对制度赡养率基尼系数的影响（金刚、张秋秋，2019）等角度展开了对中央调剂制度的总体和结构效应的评估。

除了关注中央调剂制度的客观效应，也有学者更进一步从中央调剂制度关键参数的角度（比如上解比例）探讨中央调剂制度的改善与优化。不同学者分别从当期收不抵支省份的总缺口最小化、当期人均养老保险基金结余方差最小化（彭浩然、王琳琳，2019）、省际养老保险基金结余均衡（边恕、张铭志，2019）以及调剂基金全部发放给有缺口的省份（薛惠元、张寅凯，2018）等不同政策目标的角度构建模型，研究中央调剂制度的最优上解比例。结果表明：5% 是同时实现"补缺口"和"公平"目标的最优上解比例（彭浩然、王琳琳，2019）；4.5% 是使得省际养老保险基金结余均衡的最优上解比例（边恕、张铭志，2019）；若以解决部分地区基金缺口为主要政策目标，则调剂比例应以 0.8% 起步，即以较低起点渐进式推进（薛惠元、张寅凯，2018）。

此外，也有学者从人口、经济和上解比例的角度探讨其对中央调剂制度调剂指数和效应的影响程度。研究结果表明，上解比例并不影响调剂率，调剂率取决于该省份的人口和工资变量（肖严华，2019）。更进一步，张勇（2019）对抚养比指数和工资指数对调剂指数的影响程度进行分析，发现在人口和工资变量中，影响调剂指数的主要因素是抚养比指数。而裴育 等（2019）则正好得出了相反结论，认为地区养老金整体运行状况在很大程度上由地区经济基础决定。

除了以上研究内容之外，也有学者指出中央调剂制度作用的有限性，认为中央调剂制度能够进一步分摊风险，体现互助共济性，但作用程度有限，不会改变地区养老金整体运行状况（裴育 等，2019）。同时，中央调剂制度在实施过程中还可能出现减缓养老保险覆盖面的扩大速度、加剧地方政府之间的博弈，甚至减少社会劳动供给总量、出现逆向调节效应等一系列问题（陈昱阳，2017），对公平性提出挑战（郭秀云、邵明波，2019）。因此，中央调剂制度的进一步推广需要更加精密和谨慎的设计。

1.2.3 研究述评

无论国内还是国外，基本养老保险制度都是最重要的社会保险制度之一，统筹层次是基本养老保险制度的重要组成。受各国政治、经济、文化和社会环境的影响，大多数国家在养老保险制度构建之初就实现了全国统筹，因此，国外有关养老保险统筹层次的研究较少，且内容相对集中，主要围绕提高养老保险统筹层次的优势和我国养老保险统筹层次的现状进行，而更多关于养老保险制度的研究则集中在筹资模式、经济效应和应对人口老龄化的挑战等统筹层次之外的其他方面。

相比之下，国内关于养老保险统筹层次的研究硕果累累。中央调剂制度推出以前，关于我国基本养老保险统筹层次的研究主要集中在低统筹层次表现、问题和产生原因以及提高统筹层次的必要性、目标状态、阻碍、进展与实施路径等方面。从该时期的研究中可以发现，国内学界对于我国基本养老保险制度尚处于较低统筹层次以及提高全国统筹层次刻不容缓等观点并无分歧，对于全国统筹的目标形式以及应当如何实现全国统筹尚无定论。多数学者认为全国统筹的形式应当以"统收统支"的形式存在，却缺乏更进一步的论证与说明。

随着中央调剂制度的出台，"如何顺利推进全国统筹"已经取代"要不要推进全国统筹"成为关于统筹层次的研究领域的重点课题。学界研究重点也从全国统筹的必要性、内在机理和理论逻辑等视角转向了探讨适合我国国情的全国统筹路径与实施方案上，渐进型统筹方案和激进型统筹方案的研究逐渐变少，更多研究开始围绕过渡型统筹方案。在这些围绕过渡型统筹方案的研究中尤其新增了不少研究中央调剂制度的文献，其集中对中央调剂制度的综合效应和上解比例等进行研究，着重肯定了该制度的积极作用。

部分文献也在结论与政策建议部分提及中央调剂制度可能产生的消极效应，并对中央调剂制度未来的发展方向进行了展望，但还存在以下不足之处。其一，受到文章的篇幅限制以及其他原因影响，已有文献对中央调剂制度效应评估的所选指标较为单一；其二，尚未有学者提出明确的且经过检验的中央调剂优化方案；其三，尽管中央调剂制度的设计与实施建立在较为成熟的省级调剂制度基础之上，却因施行时间尚短仍被视为一种新生制度，国内有关该制度的研究亦处于起步阶段，目前尚不存在针对中央调剂制度的系统性和整体性的研究成果，这导致该制度未来的调整方向和发展趋势尚无法完全预测。

基于此，本书将在全面梳理基本养老保险基金中央调剂制度建立的理论基础和现实依据的基础上，从效应评估、参数调整、方案优化和运行预测的角度出发，围绕中央调剂制度进行系统、全面且深入的研究。

1.3　研究目标与主要研究内容

1.3.1　研究目标

本书的研究目标是基于历史数据和现行中央调剂制度的设计特点，通过构建城镇职工基本养老保险精算模型，模拟过去时间段内现行中央调剂制度以及调整上解方案和下拨方案后的中央调剂制度的运行，评估中央调剂制度的综合效应，以期掌握中央调剂制度的运行规律；并在此基础上从激励机制引入和逆向调节效应缓解的视角提出设置差异化上解比例的中央调剂制度优化方案并进行检验，以确保中央调剂制度在缩小地区差异、缓解支付缺口和维护地区公平等方面充分发挥积极作用；从未来年份的人口预测和基金收支的视角出发模拟中央调剂制度在未来年份的运行，比较中央调剂制度实施前后地区养老保险基金发展状况，并据此为中央调剂制度的优化与完善以及全国统筹的顺利实现提供可行的政策建议。

1.3.2　主要研究内容

本书的主要研究内容包括：

第一，建立中央调剂制度的理论基础和现实依据。一方面，本书系统梳理中央调剂制度建立的理论基础，从公平与可持续理论、保险理论、再分配理论和社会基本矛盾视角的相关理论出发，阐释中央调剂制度的政策目标、内在机理、作用机制和价值体现。另一方面，本书从地区差距普遍存在和政府间利益难以协调两个角度分析实现全国统筹必须面临的一系列现实障碍，说明中央调剂制度建立的现实依据。

第二，现行中央调剂制度的效应评估。因中央调剂制度的实施时间尚短，本书利用中央调剂制度正式实施以前的历史数据对中央调剂制度的综合效应进行分析。即基于政策标准文件对中央调剂制度的基本内容、特点以及作用机制进行说明。效应评估主要从增量效应和存量效应的角度进行，其中，增量效应从省级增量效应和全国增量效应的角度进行，存量效应从缩小地区差异和缓解支付缺口的角度进行。

第三，上解方案调整对中央调剂制度效应的影响分析。上解方案的调整包括两方面的内容，一方面是上解比例的调整，另一方面是在在职应参保人数的计算过程中企业就业人数和在职参保人数的相对占比调整。本书通过设置不同的对照方案，分析上解比例调整以及在职应参保人数的计算过程对中央调剂制度的增量效应和存量效应的影响，评估是否存在最优上解比例以及通过企业就业人数和在职参保人数计算在职应参保人数的最优占比。

第四，下拨方案调整对中央调剂制度效应的影响分析。下拨方案的调整主要是对全国人均拨付额进行调整，全国人均拨付额的调整可以通过下拨方式和下拨总额占上解总额的比例实现。本书通过设置不同的对照方案，利用调剂总额、净流出总额、调剂比例、净上解额和下拨额与上解额之比等指标从增量和存量的不同角度分析下拨方案的调整对中央调剂制度的增量效应和存量效应的影响，以此探讨中央调剂制度下拨方案的优化方向。

第五，中央调剂制度的逆向调剂效应及其优化。现行中央调剂制度在实施过程中出现了政策目标与实际效果的偏离，这种偏离主要体现在部分省份的贡献与获益角色的错配上。出现这种现象的原因是中央调剂制度设计上存在"一刀切"现象，即不论情况的统一的上解比例无法体现地区间的相对公平性。为了缓解逆向调剂效应，并且应对地方政府征缴可能存在的道德风险问题，本书通过引入上解比例调整系数对中央调剂制度进行优化，并基于地方政府给付慷慨程度进行检验。

第六，中央调剂制度的政策模拟及对全国统筹的探讨。本书先利用队列要素法对 2019—2049 年我国城镇人口进行预测，并在此基础上构建分省份的养老保险制度内城镇人口预测模型和养老保险收入、支出和结余的精算模型，测算基本养老保险省域人口老龄化程度与统筹账户基金收支平衡，并考察二者之间的关系。然后，本书对比中央调剂制度实施前后统筹账户基金收支状况，模拟中央调剂制度在未来年份的运行，为进一步完善中央调剂制度和实现全国统筹提供实证依据。

1.4 研究方法和思路

1.4.1 研究方法

1.4.1.1 人口预测方法

人口预测是进行养老保险制度中长期模拟运行的基础环节。本书针对全国范围内的"乡—城"与"城—城"人口迁移状况，基于第六次全国人口普查数据编制分省（区、市）和分性别的城镇居民生命表，测算"乡—城"与"城—城"的省内和省际迁移规模，采用队列要素法构建不同省（区、市）的城镇人口预测模型，并基于参保和退休年龄对城镇职工基本养老保险参保人口进行进一步预测。

1.4.1.2 政策仿真模拟

本书利用历史数据研究中央调剂制度的运行规律，基于队列要素法构建分地区的人口预测模型，并基于养老保险制度的政策规定建立养老保险收支精算模型和中央调剂制度模型等，对省级统筹以及中央调剂制度的不同状态下的地区养老保险基金状况进行测算和分析，旨在模拟中央调剂制度未来的发展状况，并试图探讨全国统筹条件下基本养老保险制度"应该是什么"的问题。

1.4.1.3 比较研究方法

本书在研究过程中多次用到该方法，比如比较不同地区之间的人口老龄化程度、比较不同地区的养老保险制度发展水平、比较不同地区的基本养老保险待遇给付慷慨程度、比较中央调剂制度过去和未来的实施状况、比较不同的中央调剂制度方案对地区养老保险差异的效应影响、比较省级统筹与中央调剂制度方案下的地区初次年度赤字与累计赤字出现的时点等。

1.4.2 研究思路

本书研究框架如图1-1所示。

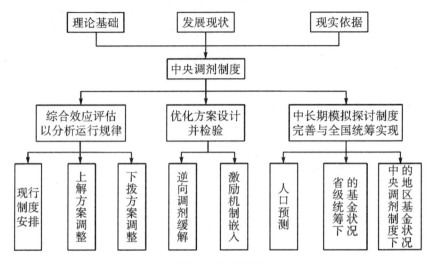

图1-1 研究框架

第一步，通过定性研究，梳理城镇职工基本养老保险基金中央调剂制度的相关理论基础；通过比较研究，分析中央调剂制度实施的现实依据。

第二步，通过制度研究，总结中央调剂制度的内容、特点和作用机制，构建中央调剂制度效应评估的精算模型，对单个年份的实施效果和某个时间段内的实施效果进行分析。

第三步，基于政策规定，设置不同上解比例以及不同在职应参保人数计算方法的对比方案，探讨上解比例调整以及在职应参保人数调整对中央调剂制度增量效应与存量效应的具体影响。

第四步，基于政策规定，设置不同的下拨对比方案，探讨下拨方式以及下拨总额占上解总额的比例对中央调剂制度增量效应和存量效应的影响。

第五步，对比中央调剂制度的政策目标与实施效果，总结中央调剂制度逆向调剂效应的表现，分析其产生原因，并在缓解逆向调剂效应的基础上嵌入提高地方政府征缴积极性的激励机制，检验该优化方案的实施效果。

第六步，基于人口预测结果对省级层面以及区域层面的制度内老年抚养比进行深入分析，并对比省级统筹背景以及中央调剂制度背景下的基本养老保险统筹账户基金收支规模，进一步探讨中央调剂制度的完善方向以及全国统筹的实现路径。

1.5 创新与不足

1.5.1 主要创新点

本书的创新点主要包括：

第一，进行基本养老保险统筹层次提高的理论重构和障碍梳理。学界关于解释养老保险统筹层次的相关理论纷繁复杂，关于提高统筹层次在我国进展缓慢的原因分析良多。本书基于现有研究成果从保险、社会保险和社会基本矛盾的视角对相关理论进行归类与重构，对重新认识全国统筹的逻辑起点具有重要意义；基于地区间人口、经济与制度的客观差异与政府间主观利益博弈的视角总结出我国养老保险统筹层次提高困难的两大现实障碍，对评估基本养老保险未来计发办法与衔接方案的可行性具有积极作用。

第二，基于上解方案和下拨方案的调整探讨中央调剂制度的进一步完善方向。由于中央调剂制度的实施时间尚短，现有关于中央调剂制度的研究不多，且大多数研究都集中于中央调剂制度的效应分析，缺乏整体性和系统性的研究。本书不仅对现行中央调剂制度的综合效应进行了评估，还从多角度的上解方案和下拨方案的调整入手，为中央调剂制度的进一步完善提供了较为完备的研究资料。本书通过研究，发现中央调剂制度的进一步调整必须先明确制度的政策目标，只有以明确的政策目标为导向，谨慎调整中央调剂制度的相关参数，才能避免制度可能存在的消极效应。

第三，基于激励机制嵌入和逆向调剂效应缓解构建上解比例调整系数，为设置不同省份的差异化的上解比例提供了实证依据，并通过了检验。现有关于中央调剂制度的研究多从最优上解比例的角度进行，并未出现考虑地区差异化的上解比例的理论与实证研究。本书从应对地方政府征缴道德风险问题和缓解中央调剂制度的逆向调剂效应入手，通过嵌入上解方案激励系数和养老保险给付慷慨程度相对指数，在现行中央调剂制度的设计中加入上解比例调整系数，并以此构建中央调剂制度的优化方案，为改变中央调剂制度实质上的"一刀切"设计提供了可行思路。

第四，基于省际"城—城"和"乡—城"人口迁移模型进行分省份的城镇人口预测。针对全国城镇人口的预测只需考虑全国范围内的"乡—城"人口迁移状况，而分省份的城镇人口预测无法忽视"城—城"人口迁移规模。本书根据第六次全国人口普查数据编制分省份和分性别的城镇居民生命表，测算各地区之间省内"城—乡"迁移、省际"城—城"迁移和"乡—城"迁移数据，并在运用队列要素法构建的基础上建立城镇人口预测模型，据此对分省份的基本养老保险参保人口数据进行预测，为后续基本养老保险统筹层次提高和制度公平与可持续性等相关研究提供基础数据参考。

第五，测算现行政策下2019—2049年分省份的基本养老保险统筹账户基金收支平衡。人口老龄化的加剧使得基本养老保险制度面临较大的可持续性压力，因此养老保险制度的收支平衡和基金缺口问题一直备受社会各界关注。然而迄今为止的诸多相关测算范畴多基于全国层面，无法说明各省份的具体状况。本书基于省级层面构建养老金收支精算模型，对我国31个省（区、市）的制度内人口老年抚养比和养老保险统筹账户基金支付风险进行预测和评估，为中央调剂制度的进一步实施与优化以及全国统筹的方案设计提供省级养老保险制度运行状况的基础数据参考。

第六，模拟现行政策下中央调剂制度对分省份以及全国的养老保险基金状况的增量影响，并进一步评估中央调剂制度对缩小地区差异和缓解支付缺口的存量效应。中央调剂制度并非真正意义上的全国统筹，但其对全国统筹的实现具有十分重要的意义。由于该制度施行时间尚短，现有研究多从过去某一时点或者过去某一时段的历史数据出发，进行中央调剂制度的效应分析，未将未来年份内的人口结构变化考虑在内，对未来情况的说明稍有欠缺。本书在预测未来分省份和分性别的城镇人口数据的基础上采用多指标评估中央调剂制度效应，为进一步的调剂政策调整和全国统筹方案设计提供相关依据。

1.5.2 不足之处

本书的不足之处主要包括：

第一，本书的结论在较大程度上依赖于人口预测与养老保险制度的仿真模拟，而人口预测的基数为2010年全国人口普查数据，相当于自2010

年开始进行人口预测，2049 年结束，较长的预测期会在一定程度上影响人口预测的精准程度。此外，养老保险制度的仿真模拟涉及诸多参数（如经济发展速度、失业率和参保率等）在未来若干年的设定，参数的设定方法多为依据对过去发展趋势的拟合推测未来情况，因此在此基础上得出的最终结论仅能代表一种最可能的参考趋势，并不能作为普遍结论。

第二，考虑到延迟退休政策对劳动力市场和养老保险制度的影响是十分复杂的，故本书仅在原来法定退休年龄（男性 60 周岁、女性 55 周岁和50 周岁）的基础上对中央调剂制度的效应进行评估，对中央调剂制度的优化方案进行设计和检验。

2 基本养老保险基金中央调剂制度的理论基础与发展现状

2.1 中央调剂制度的相关概念

2.1.1 养老保险制度

养老是为老年人提供消费的一种制度安排，它包括养老资源的来源和养老职能的实施两大重要内容。如何养老是人类面临的基本问题（袁志刚，2005）。养老资源的来源分别为个人积累、家庭资源、企业计划和社会体制。根据养老资源的来源可将养老模式分为个人养老、家庭养老、企业养老和社会养老。由于不同历史时期社会形态、经济体制和文化背景的差异，不同的养老模式都曾在历史舞台上出现过或长或短的时间。纵观人类历史，相对于公有制的原始部落形态、私有制的生产剩余社会形态和工业革命以后的机器大生产时代，养老模式的演进过程可以分为三个阶段——部落赡养、家庭养老和社会养老。

家庭养老既是一种养老制度，也是一种金融制度。随着人口老龄化的持续深化，家庭小型化特征和家庭养老的风险凸显，养老保险制度作为一种"人不独亲其亲，不独子其子，使老有所终，壮有所用，幼有所长，鳏寡孤独废疾者皆有所养"的分散家庭养老风险的制度安排应运而生。养老保险制度通过合理的制度安排在全社会分散家庭养老风险，是一种典型的社会养老模式，同时也是家庭养老模式的重要补充，可被视作人类历史上的一项伟大创新。真正现代意义上的世界养老保险制度起源于19世纪80年代的德国，而现代意义上的中国养老保险制度可追溯至20世纪50年代。

根据焦凯平（2004）的定义，养老保险是指劳动者在一定条件下（达到国家规定的解除劳动义务的劳动年龄界限，或因年老丧失劳动能力），能够依法获得经济收入、物质帮助和生活服务的社会保险制度。因此，养老保险制度首先是社会保险制度的重要组成部分，其次它是一种依法规范的政府行为。养老保险制度不仅具有强制参保、互助共济和普遍实施等社会保险制度的基本特征，而且还具有保障适度和兼顾公平与效率等自身的主要特征。国际养老保险制度的产生条件、制度设计以及发展趋势因各国的国情不同而存在较大差异，国际养老保险制度可分为社会保险型、福利国家型、强制储蓄型和国家保险型四种模式。我国养老保险制度是社会保险型养老保险模式的重要代表，是国有企业改革的重要配套措施，是经济社会发展的主要支柱（邓大松、刘昌平，2020），在我国不同时期的国民经济和社会发展过程中扮演了重要的角色。

2.1.2 基本养老保险制度

根据覆盖范围、保障水平和运行方式的不同，养老保险制度可分为基本养老保险制度、补充养老保险制度和个人储蓄型养老保险制度，即养老保险制度的三支柱模型。在我国，第一支柱的基本养老保险制度由城镇职工基本养老保险制度、机关事业单位工作人员基本养老保险制度和城乡居民基本养老保险制度三部分组成；第二支柱的补充养老保险制度由城镇职工的企业年金制度和机关事业单位工作人员的职业年金制度组成；第三支柱的个人储蓄型养老保险制度由个人储蓄型养老保险制度和商业养老保险制度组成。

作为第一支柱的基本养老保险制度是面向全体国民的、旨在提供基本生活支持的、由国家作为责任主体的养老保险制度。其中，城镇职工基本养老保险制度针对城镇各类企业职工、个体工商户和灵活就业人员设置；机关事业单位工作人员基本养老保险制度针对按照《中华人民共和国公务员法》管理的单位、参照其管理的机关（单位）、事业单位及其编制内的工作人员设置；城乡居民基本养老保险制度针对年满 16 周岁（不含在校学生），非国家机关和事业单位工作人员及不属于职工基本养老保险制度覆盖范围的城乡居民设置。

2.1.3 企业职工基本养老保险制度

我国企业职工基本养老保险制度建立的标志是 1951 年《中华人民共

和国劳动保险条例》正式颁布实施。其后企业职工基本养老保险制度的发展可以分为五个阶段，第一阶段为传统计划经济体制下的养老保险制度创立时期，第二阶段为"文化大革命"带来的养老保险制度沉降时期，第三阶段为企业职工基本养老保险制度的恢复与探索时期，第四阶段为企业职工基本养老保险制度基本模式的确立时期，第五阶段为企业职工基本养老保险制度的改革与完善时期。

自企业职工基本养老保险制度建立以来，其覆盖范围不断扩大，构建了覆盖全民的制度框架。制度在建立初期受到国家财力与企业能力的限制，《中华人民共和国劳动保险条例》的施行范围仅为指定规模和指定行业的部分有条件的企业；此后，随着计划经济体制的运行，我国于 1955 年颁布《国务院关于颁发国家机关工作人员退休、退职、病假期间待遇等暂行办法和计算工作年限暂行规定的命令》，将国家机关、民主党派、人民团体和事业单位的工作人员纳入社会养老保险制度体系；"文化大革命"以后，随着养老保险制度的逐步恢复和经济社会的不断发展，我国分别于1980 年和 1983 年颁布《中华人民共和国中外合资经营企业劳动管理规定》和《关于城镇集体所有制经济若干政策问题的暂行规定》，分别将中外合资合营企业职工和城镇集体企业职工纳入社会养老保险制度体系；1995 年和 2005 年，我国分别颁布《国务院关于深化企业职工养老保险制度改革的通知》和《国务院关于完善企业职工基本养老保险制度的决定》，将社会养老保险制度的覆盖范围扩展到城镇个体工商户和灵活就业人员。至此，企业职工基本养老保险制度的覆盖范围实现了从部分企业职工到城镇各类企业职工的跨越和转变。

2.1.4　中央调剂制度

中央调剂制度的建立是基本养老保险体系建设的重要内容。2018 年颁布《国务院关于建立企业职工基本养老保险基金中央调剂制度的通知》（国发〔2018〕18 号），决定建立养老保险基金中央调剂制度。中央调剂制度以社会保险大数法则为内在机理，以统筹协调推进为战略布局，以基本国情和养老保险制度建设实际为出发点，以促进公平、明确责任、统一政策和稳步推进为基本原则，是沟通企业职工基本养老保险制度省级统筹与全国统筹之间的重要桥梁，旨在通过中央调剂基金的筹集和拨付均衡基本养老保险制度的地区差异，为基本养老保险制度全国统筹以及可持续发展奠定基础。

2.2 建立中央调剂制度的理论基础

建立中央调剂制度是解决基本养老保险基金地区不均衡问题，建立健全更加公平、更加可持续发展的养老保险制度的重要举措，与满足人民日益增长的美好生活需要、着力解决发展不平衡不充分的突出问题的基本目标相一致。对中央调剂制度进行整体性的、系统性的研究需要坚实的理论基础，根据研究需要，本章将从中央调剂制度的政策目标、内在机理、作用机制和价值体现四个角度出发，梳理和阐释公平与可持续理论、保险理论、再分配理论和社会基本矛盾视角的相关理论，以充分掌握中央调剂制度的基本属性和运行规律，奠定本书的研究基础。

2.2.1 公平与可持续理论——中央调剂制度的政策目标

养老保险制度是社会保险制度的重要组成部分，而社会保险制度是社会制度的重要组成部分，公平和正义是社会制度的重要理论基石与价值目标。通过追溯西方社会公平正义的相关理论，可以发现一项能够践行社会公平基本价值理念的社会制度应当能够均衡权利与责任、机会与能力，以及起点、过程和结果公平等诸多要素。罗尔斯（1999）主张改善弱势群体由自然或者社会原因造成的不利状况，认为应当允许初始差别的存在，并通过社会政策改善初始不平等带来的不利影响。

养老保险制度作为初次分配的以效率为目标的工资制度之后的重要再分配制度，其运作过程应当符合社会公平的基本要求。一方面，统筹层次的提高意味着养老保险基金可以在更大范围内调剂使用，这是养老保险制度高度社会化的基本表现，有助于地区间养老金权益公平的实现，进而促进社会公平和维护社会稳定；另一方面，公平的社会制度和稳定的社会运行状态能够为社会经济效率的提高创造良好的条件。

可持续发展是基本养老保险制度发展的基本条件，而公平性原则是可持续发展的基本准则。这种公平性不仅指代内的横向公平，也指代际的纵向公平。目前我国基本养老保险制度发展呈现出的地区不均衡性意味着部分地区已经出现不容忽视的支付风险，而支付风险意味着未来养老金权益有受到损害的可能。中央调剂制度通过调剂基金在地区之间的流动来缓解部分省份养老保险基金支付风险的做法是否存在合理的流动上限涉及地区之间的代内横向公平，因此，中央调剂制度将同时兼顾代内横向公平与代际纵向公平。

2.2.2 保险理论——中央调剂制度的内在机理

现代保险制度源于"互助"观念，是个体基于风险的不确定性和无法预知以及整体风险的规律性和稳定性，选择能够通过测算整体风险的平均发生概率以整体力量对抗个体风险的制度安排。之后，世界保险逐步发展成为分摊意外事故损失的财务安排、关于风险与补偿的合同安排、社会经济保障的重要组成部分以及风险管理的重要方法。大数法则是保险理论的基本原理，是近代保险业得以建立和发展的基础，是现代保险制度的内在要求，也是中央调剂制度得以实施的内在机理。

养老保险制度是指国家和社会根据一定的法律和法规，为解决劳动者在达到国家规定的解除劳动义务的劳动年龄界限，或因年老丧失劳动能力退出劳动岗位后的基本生活而建立的一种社会保险制度。若以大数法则来定义，养老保险制度是个体因未来寿命的不确定性和无法预知而承担不确定的养老风险，却发现社会整体能根据过去历史数据来预测地区平均寿命和养老风险，从而选择在一定范围内筹集一定数额的保费来实现该地区内养老风险的共担。因此，养老保险制度可被认为是集体与社会对个体养老风险存在且不确定做出的有效回应，是化解社会养老风险的基本制度。

统筹层次是养老保险制度运行系统的重要组成部分，同时也是大数法则作用于养老保险制度的关键之处。根据大数法则的基本含义，随着养老保险统筹层次的提高，养老保险制度能够容纳和覆盖的参保者规模扩大，一方面能够实现更大范围内的养老风险共担，从而降低个体所承担的风险，另一方面能够扩大养老保险基金规模，通过规模效应降低基金运营成本和提高支付能力，从而增强制度可持续性。从这个意义上讲，提高基本养老保险统筹层次是养老保险制度更好地化解社会养老风险的根本举措和必然要求。

2.2.3 再分配理论——中央调剂制度的作用机制

从宏观角度来讲，资源配置、收入再分配和维护社会稳定是政府的三个重要经济职能（萨缪尔森，1996）。再分配制度是政府通过税收、福利和财政等计划对初次分配形成的格局进行调整与改善的重要制度。社会保险制度的本质就是一种福利计划，其是收入再分配制度的重要组成部分。养老保险制度作为社会保险制度的重要组成部分，是对市场机制的补充和完善，其目标就是通过再分配缓解初次分配不公平，同时实现个体生命周期内的消费平滑和不同群体之间的收入再分配效应（Casey B. Mulligan and Xavier Sala-i-Martin，1999；Marin Feldstein and Jeffrey B. Liebman，2001；De Donder et al.，2003；Nicholas Barr and Peter Diamond，2010）。

"普惠式"和"补缺式"是再分配理论运行的两种基本模式。顾名思义，普惠式再分配模式指普遍的、无差别的再分配模式，在该模式下的全体成员都将享受到统一的再分配额度。福利国家"从摇篮到坟墓"的社会保险运作模式就是对普惠式再分配模式的重要践行，不断加重的财政负担是该模式不容忽视的重要问题。补缺式再分配模式以市场和家庭为主体、以国家为辅助，国家只有在家庭或市场失败时才会介入并承担责任，且试图将承诺限定于处在边缘且值得帮助的社会团体。中央调剂制度作为一种养老保险制度在特定时期的衍生制度，是对养老保险制度的重要补充，可在一定程度上被认为是补缺式再分配模式运行的典型代表。

提高基本养老保险统筹层次是通过更大范围内的再分配作用实现公平价值的重要举措。阿莱、萨缪尔森和戴蒙德通过构建代际交叠模型发现，现收现付养老保险制度因给定待遇或者给定缴费而体现出不同的代内收入再分配功能。基本养老保险的统筹账户是给定待遇与给定缴费模式的结合体，能够起到一定程度的收入再分配的作用。代内收入再分配的效果取决于缴费与计发规定，而基本养老保险统筹账户的缴费率一定，再分配效果则主要取决于计发办法。因此，不同收入个体之间的收入再分配将对应统筹层次提高带来的计发办法的改变引起的收入再分配，不同地区之间的收入再分配则对应中央调剂制度设计带来的地区之间养老保险基金的收入再分配。

2.2.4 社会基本矛盾视角的相关理论——中央调剂制度的价值体现

党的十九大报告指出，中国特色社会主义进入新时代，我国社会主要矛盾已经转化为人民日益增长的美好生活需要和不平衡不充分的发展之间的矛盾。社会主要矛盾的转化和新时代的典型特征必然对基本养老保险等社会制度的发展提出新要求，对其未来改革指明新方向。社会主要矛盾的转化要求基本养老保险制度与之紧密契合，抓住新时代的特征，围绕民生需求，着力建构适度平衡、更高质量的基本养老保障制度、保障项目，提高保障层次与保障水平，增强民众的安全感、获得感与幸福感，满足民众对美好生活的向往。社会主要矛盾的转化为基本养老保险全国统筹的实现提供了重要契机。

在社会基本矛盾由低层级向高层级转化的过程中，我国基本养老保险制度面临的失衡问题也从"显性"转到了"隐性"（陈起风、李春根，2019）。地区间基本养老保险制度的失衡是养老保险制度"隐性失衡"的重要表现。地区间基本养老保障制度的隐性失衡和碎片化体现在制度抚养比、基金收支状况和养老金待遇水平等诸多方面。地区间养老保险制度的碎片化是在当年地区间经济社会发展水平有着巨大差异且缴费能力高低有别的特殊情况下设定的符合当时地区发展特征的制度模式，对于当年实现养老保险"扩面"目标起到了重要作用（陈曦 等，2019），却在时过境迁后带来了不容忽视的养老保险地区发展不平衡和不充分问题。

经济发展与养老保险制度发展之间的互动并非单向的，碎片化的养老保险制度对于地区经济社会发展同样有着重要作用。一方面，低收入水平的欠发达地区由于面临基金缺口的巨大风险，同时受制于各方压力，普遍采用较高的缴费基数核定办法和缴费率，从而拥有较重的缴费负担。而较重的缴费负担会进一步降低企业投资意愿，影响地区经济发展水平。另一方面，经济发展水平较高的地区对劳动力的吸引力更大，人口老龄化程度更低，养老保险制度可持续性压力更小，因而企业竞争力更强，但地区经济发展不平衡和不充分带来的劳动力流动改变了地区老龄化程度，进一步加剧了养老保险制度的碎片化发展。

可见，养老保险制度隐性失衡问题必须加以解决，而提高统筹层次正是解决地区间基本养老保障制度隐性失衡的一个重要措施。养老保险统筹层次的提高通过在更大范围内均衡地区间基本养老保险基金负担，不仅能够着力解决养老保险地区发展不平衡和不充分问题，还能使公平的养老保险制度与地区经济社会发展之间形成较好的良性循环，真正从根本上实现人人适度均衡地享有基本养老保障权利的目标，更进一步解决不平衡不充分的发展和满足人民日益增长的美好生活需要之间的矛盾。

2.3 养老保险统筹层次的历史演变及中央调剂制度的确立

2.3.1 养老保险统筹层次的历史演变

"统筹"一词首次在社保领域出现，是在"文革"后成立的社保基金统筹办公室这一机构名称中，其对应的英文为"pooling"，代表基金风险池。当前政府文件与学界术语采用的"统筹"二字均指社会统筹的概念。基本养老保险基金的社会统筹是指由社会保险管理机构在一定范围内统一征集、统一管理、统一调剂退休费用，其具备统一的社会统筹和个人账户结构与规模、统一的缴费基数计算口径、统一的缴费率和统一的基金收益回报率（郑功成，2015）。在标准的社会统筹模式下，由社会保险机构或税务机关按照一定的计算基数与提取比例向企业和职工统一征收退休费用，形成由社会统一管理的退休基金；企业职工退休费用由社会保险机构直接发放，或委托银行、邮局代发，或委托企业发放，以达到均衡和减轻企业退休费用负担、为企业的平等竞争创造条件的目的。

表 2-1 以代表性文件为节点列出了我国基本养老保险统筹层次的主要变迁与发展史。从表 2-1 可以看出其经历了从企业内部统筹到县市与行业统筹并存，并逐渐扩大到省级统筹的过程，目前正处在积极推进基础养老金全国统筹的阶段，总体呈现自低统筹层次向高统筹层次的发展趋势。其发展进程大致可以划分为中华人民共和国成立初期计划经济体制下由总工会负责的全国调剂时期（1951—1968 年）、"文化大革命"后的单位保障时期（1969—1982 年）、养老保险制度改革初期的县市级统筹时期①

---

① 此处需要说明的是，在 20 世纪 80 年代提出地方统筹改革试点之时，行业统筹是彼时的另外一种养老保险制度改革试点形式。行业统筹最初在铁道部、邮电部、水利部、中国建筑工程总公司、中国电力企业 5 个行业实行，1993 年《国务院关于企业职工养老保险统筹问题的批复》（国函〔1993〕149 号）又批准交通部、煤炭部、中国人民银行（含人民银行、工商银行、农业银行、中国银行、建设银行、交通银行、人民保险公司）、民航总局、石油天然气总公司和有色金属工业总公司6 个行业实行，11 个行业统筹的局面由此形成。自行业统筹实行之日起，地区、部门以及相关人士针对行业统筹还是地方统筹展开了激烈争论。直到 1997 年，国务院 26 号文件明确提出"待全国基本实现省级统筹后，原经国务院批准由有关部门和单位组织统筹的企业，参加所在地区的社会统筹"，明确了实现地方统筹的改革方向。1998 年，国务院颁布《国务院关于实行企业职工基本养老保险省级统筹和行业统筹移交地方管理有关问题的通知》（国发〔1998〕28 号），更进一步明确由行业统筹移交地方管理。

（1983—1990 年）、养老保险制度改革转型期的省级统筹时期（1991—2009年）、全国统筹新时期（2010 年至今）五个阶段。

表 2-1　基本养老保险统筹层次的主要变迁与发展史

时间	事件
1951 年 2 月	中央人民政府政务院颁布《中华人民共和国劳动保险条例》，对职工养老作出规定：（1）满足一定条件的男女职工可在退休后每月领取退休养老金，直到退休者死亡，养老金由劳动保险基金给付。（2）劳动保险基金由企业提取，国家统一筹集和使用（郑功成，2002）。（3）由地方各级工会履行保险业务日常管理之责，以职工工资总额为基数，按照 3% 的比例征缴劳动保险金。（4）单位工会留存组织运行、管理费用后上解上一级工会，资金由中华全国总工会在全国范围内统筹调剂使用
1969 年 2 月	财政部发布《关于国营企业财务工作中几项制度的改革意见（草案）》，要求：（1）国营企业停止劳动保险基金的提取，企业退休职工的养老保险开支在营业外独立列支，只得从利润中予以扣除。（2）养老基金由各单位自筹经费、自我管理，实行企业内部自我保障
1984 年	劳动部门在江苏省泰州市、广东省东莞市、广东省江门市和辽宁省黑山县等地开展国营企业退休人员养老费用县市级统筹试点
1986 年	国务院发布《国务院关于发布改革劳动制度四个规定的通知》（国发〔1986〕77 号），要求建立全国县、市一级的退休费统筹机制，参加社会统筹的企业规定一定的缴费率来建立统筹基金
1991 年 6 月	国务院颁布《国务院关于企业职工养老保险制度改革的决定》，规定：（1）职工以不超过本人标准工资 3% 的比例缴费，建立国家、企业和个人三方共担机制。（2）由市县级统筹逐步过渡到省级统筹
1997 年 7 月	国务院发布《国务院关于建立统一的企业职工基本养老保险制度的决定》（国发〔1997〕26 号），规定"逐步由县级统筹向省级或省级授权的地区统筹过渡，待全国基本实现省级统筹后，原经国务院批准由有关部门和单位组织统筹的企业，参加所在地区的社会统筹""加快建立基本养老保险基金的省级统筹，为最终实现全国统筹创造条件"
1998 年 8 月	国务院颁布《国务院关于实行企业职工基本养老保险省级统筹和行业统筹移交地方管理有关问题的通知》（国发〔1998〕28 号），更进一步明确由行业统筹移交地方管理
1999 年 9 月	中国共产党第十五届中央委员会第四次全体会议通过《中共中央关于国有企业改革和发展若干重大问题的决定》，提出"要进一步完善基本养老保险省级统筹制度，增强基金调剂能力"

表2-1(续)

时间	事件
1999年12月	劳动和社会保障部、财政部发布《关于建立基本养老保险省级统筹制度有关问题的通知》(劳社部发〔1999〕37号),提出将原行业统筹企业纳入省级统筹,加快建立省级统筹制度,在省(区、市)内统一管理和调度使用基本养老保险基金,统一企业和职工个人缴纳基本养老保险费的缴费基数和缴费比例,统一基本养老金的支付项目、计发办法和调整制度。尚未实现省级统筹的省份,在省级范围内实行基金调剂,在2000年内取消县(市)统筹,改为地(市)统筹或省级调剂等
2000年12月	国务院发布《关于完善城镇社会保障体系的试点方案》,将企业缴费率确定为职工工资总额的20%,职工个人缴费率确定为本人工资的8%,并规定企业缴费部分不再划入个人账户,全部纳入社会统筹基金,并以省(区、市)为单位进行调剂
2003年10月	中国共产党第十六届中央委员会第三次全体会议通过《中共中央关于完善社会主义市场经济体制若干问题的决定》,提出"建立健全省级养老保险调剂基金,在完善市级统筹基础上,逐步实行省级统筹,条件具备时实行基本养老金的基础部分全国统筹"
2005年12月	《国务院关于完善企业职工基本养老保险制度的决定》(国发〔2005〕38号)强调"进一步加强省级基金预算管理,明确省、市、县各级人民政府的责任,建立健全省级基金调剂制度,加大基金调剂力度。在完善市级统筹的基础上,尽快提高统筹层次,实现省级统筹,为构建全国统一的劳动力市场和促进人员合理流动创造条件"
2006年10月	中国共产党第十六届中央委员会第六次全体会议通过《中共中央关于构建社会主义和谐社会若干重大问题的决定》,提出"完善企业职工基本养老保险制度,强化保险基金统筹部分征缴,逐步做实个人账户,积极推进省级统筹,条件具备时实行基本养老金基础部分全国统筹"
2007年1月	劳动和社会保障部、财政部联合发布《关于推进企业职工基本养老保险省级统筹有关问题的通知》(劳社部发〔2007〕3号),就基本养老保险省级统筹工作提出要求,明确规定了"六统一"的企业职工基本养老保险省级统筹标准,即在全省范围内统一制度和政策,统一缴费规定,统一待遇计发办法,统一基金使用管理,统一业务规程,并统一省级基金预算
2010年10月	《中华人民共和国社会保险法》以法律形式明确"基本养老保险基金逐步实行全国统筹"。《中共中央关于制定国民经济和社会发展第十二个五年规划的建议》提出"完善实施城镇职工和居民养老保险制度,实现基础养老金全国统筹"

表2-1(续)

时间	事件
2011 年 3 月	《中华人民共和国国民经济和社会发展第十二个五年规划纲要》提出"完善实施城镇职工和居民养老保险制度,全面落实城镇职工基本养老保险省级统筹,实现基础养老金全国统筹"
2012 年 6 月	《社会保障"十二五"规划纲要》提出"全面落实企业职工基本养老保险省级统筹,实现基础养老金全国统筹"
2012 年 11 月	党的十八大报告《坚定不移沿着中国特色社会主义道路前进 为全面建成小康社会而奋斗》提出"改革和完善企业和机关事业单位社会保险制度,整合城乡居民基本养老保险和基本医疗保险制度,逐步做实养老保险个人账户,实现基础养老金全国统筹"
2013 年 2 月	《国务院批转发改委等部门关于深化收入分配制度改革若干意见的通知》提出"全面落实城镇职工基本养老保险省级统筹,'十二五'期末实现基础养老金全国统筹"
2013 年 11 月	中国共产党第十八届中央委员会第三次全体会议通过《中共中央关于全面深化改革若干重大问题的决定》,提出"坚持社会统筹和个人账户相结合的基本养老保险制度,完善个人账户制度,健全多缴多得激励机制,确保参保人权益,实现基础养老金全国统筹"
2014 年 3 月	《国家新型城镇化规划(2014—2020 年)》提出"完善职工基本养老保险制度,实现基础养老金全国统筹"
2015 年 10 月	《中共中央关于制定国民经济和社会发展第十三个五年规划的建议》提出"实现职工基础养老金全国统筹,建立基本养老金合理调整机制"
2016 年 3 月	《中华人民共和国国民经济和社会发展第十三个五年规划纲要》提出"实现职工基础养老金全国统筹"
2016 年 7 月	《人力资源和社会保障事业发展"十三五"规划纲要》提出"实现职工基础养老金全国统筹,研究制定职工养老保险基础养老金全国统筹经办规程、经办机构建设和经费保障制度"
2017 年 10 月	党的十九大报告《决胜全面建成小康社会 夺取新时代中国特色社会主义伟大胜利》提出"完善城镇职工基本养老保险和城乡居民基本养老保险制度,尽快实现养老保险全国统筹"
2017 年	《关于 2016 年中央和地方预算执行情况与 2017 年中央和地方预算草案的报告》首次提出建立"基本养老保险基金中央调剂制度"
2018 年 6 月	国务院发布《国务院关于建立企业职工基本养老保险基金中央调剂制度的通知》(国发〔2018〕18 号),提出"确保养老保险基金中央调剂制度顺利实施,同时抓紧制定养老保险全国统筹的时间表、路线图",并规定中央调剂基金上解比例从 3%起步

表2-1(续)

时间	事件
2019 年 3 月	政府工作报告指出"加快推进养老保险省级统筹改革,继续提高企业职工基本养老保险基金中央调剂比例"
2019 年 4 月	国务院办公厅印发《降低社会保险费率综合方案》(国办发〔2019〕13 号),提出"加快推进企业职工基本养老保险省级统筹,逐步统一养老保险参保缴费、单位及个人缴费基数核定办法等政策,2020 年年底前实现企业职工基本养老保险基金省级统收统支"和"加大企业职工基本养老保险基金中央调剂力度",将 2019 年基金中央调剂比例提高至 3.5%

注:作者根据相关文件整理。

2.3.2 中央调剂制度的确立

虽然比较成熟的中央调剂制度于 2018 年才开始正式实施,但是早在中华人民共和国成立初期,《中华人民共和国劳动保险条例》就对职工养老作出了规定:满足一定条件的男女职工可在退休后每月领取退休养老金,直到退休者死亡,养老金由劳动保险基金给付。在开始实行劳动保险的头两个月内,由企业行政方面或者资方按月缴纳的劳动保险金全数存于中华全国总工会户内,旨为集体劳动保险事业之用。自开始实行劳动保险的第三个月起,企业行政方面或者资方每月缴纳的劳动保险金的 30%,存于中华全国总工会户内,作为劳动保险总基金;70%存于各企业工会基层委员会户内,作为劳动保险基金,为支付工人与职员按照本条例应得的抚恤费、补助费与救济费之用。

可见,彼时的劳动保险基金分为两大部分,一部分为由企业提取且留存企业的劳动保险基金,一部分为由企业提取且存于中华全国总工会户内的劳动保险总基金。劳动保险总基金的构成包括自开始实行劳动保险的第三个月起的 30%劳动保险金以及在开始实行劳动保险的头两个月内由企业行政方面或者资方按月缴纳的全部劳动保险金。因为劳动保险总基金由国家统一筹集和使用,所以中华人民共和国成立初期的养老保险统筹层次可被视作由全国总工会负责的全国调剂。

此后经过"文化大革命"时期的养老保险制度沉降,改革开放以后养老保险制度的恢复以及行业统筹和社会统筹的争论,我国企业职工基本养老保险制度基本实现了以省级调剂为基本特征的省级统筹。考虑到统筹层次的提高带来的基金、风险与责任之间同步流动的复杂情况,以"统收统支"为基本特征的省级统筹难以完善而基本养老保险制度的全国统筹无法打破藩篱，因此中央调剂制度在借鉴省级调剂制度经验的基础上，作为一种以缩小地区差异和缓解养老金支付风险为目标的过渡性制度应运而生。

2.4 中央调剂制度的基本内容、特点和发展现状

2.4.1 中央调剂制度的基本内容

2018 年，国务院发布《国务院关于建立企业职工基本养老保险基金中央调剂制度的通知》（国发〔2018〕18 号）（以下简称《通知》）。《通知》提出在现行企业职工基本养老保险省级统筹基础上，建立中央调剂制度以均衡地区间企业职工基本养老保险基金负担，实现基本养老保险制度可持续发展。《通知》规定中央调剂基金由各省份养老保险基金上解资金构成，实行以收定支，当年筹集的资金全部拨付地方，各地在实施养老保险基金中央调剂制度之前累计结余基金原则上留存地方，用于该省（区、市）养老保险基金余缺调剂。

具体关于某省份上解和拨付额度的计算公式为：某省份上解额＝（某省份职工平均工资×90%）×某省份在职应参保人数×上解比例。其中，某省份在职应参保人数＝（某省份在职参保人数＋企业就业人数）/2；某省份职工平均工资＝（某省份城镇私营单位就业人员工资总额＋城镇非私营单位就业人员工资总额）/（城镇私营单位就业人数＋城镇非私营单位就业人数）；某省份城镇私营单位就业人员工资总额＝某省份城镇私营单位就业人数×城镇私营单位平均工资。此外，某省份拨付额＝核定的某省份离退休人数×全国人均拨付额＝核定的某省份离退休人数×（筹集的中央调剂基金/核定的全国离退休人数）。

2.4.2 中央调剂制度的特点

其一，现行中央调剂制度对各省份上解采用"一刀切"的做法，即所有省份以当地城镇私营单位和非私营单位就业人员加权平均工资为基数，按统一比例上解。

其二，某省份的净上解额与该省份的工资水平、应参保人数和上解比例成正比，与该省份离退休人数占全国离退休人数之和的比例成反比。

其三，中央调剂制度不影响全国总量层面的当年养老保险基金征缴收

入和基金支出状况，但考虑到《通知》规定"现行中央财政补助政策和补助方式保持不变"和"中央政府在下达中央财政补助资金和拨付中央调剂基金后，各省份养老保险基金缺口由地方政府承担"，其有可能通过对各省份养老保险基金当期结余的调整缩小部分地方财政的补助规模。

其四，中央调剂制度可通过地区之间的基金调剂改变地区当期结余分布，从而均衡地方累计结余分布。

其五，从全国层面来看，中央调剂制度不影响各省份的征缴收入、利息收入、中央财政补贴以及基金支出，只是针对各省份的养老保险基金进行一定程度上的调节。因此，实施中央调剂制度前后，全国养老保险基金的收支总量并未发生变化，全国层面养老保险制度的可持续性并未受到影响。

2.4.3　中央调剂制度的发展现状

2018年7月1日，中央调剂制度正式实施，当年全国中央调剂基金预算规模为2 413亿元。2019年4月1日，国务院办公厅印发《降低社会保险费率综合方案》（国办发〔2019〕13号），将2019年企业职工基本养老保险基金中央调剂比例提高至3.5%。随着上解比例的提高，中央调剂基金已初具规模。2019年财政部发布的中央财政预算显示当年全国中央调剂基金预算规模为4 844亿元，而根据2020年财政部发布的中央财政预算显示，2019年全国中央调剂基金执行规模为6 303亿元，远远高于预算规模。

表2-2反映了2020年中央调剂基金上解与下拨绝对规模年度预算情况。通过表2-2可以看出：①从全国调剂总额来看，2020年中央调剂基金的全国预算总额为7 398亿元，高于2019年中央调剂基金的全国执行总额6 303亿元。②从各省份具体调剂情况来看，除了新疆维吾尔自治区和新疆生产建设兵团以外，其他地区的2020年中央调剂基金收入预算规模均高于2019年的执行规模；除了北京市、福建省、新疆维吾尔自治区以外，其他地区的2020年中央调剂基金支出预算规模均高于2019年的执行规模；除了安徽省、江西省、山东省、湖南省、广西壮族自治区、四川省、海南省、宁夏回族自治区和重庆市以外，其他地区的2020年中央调剂基金净上解预算规模均高于2019年的执行规模。以上数据均意味着与上年相比，2020年的中央调剂制度调剂规模有所扩大。

表 2-2 2020 年中央调剂基金上解与下拨绝对规模年度预算情况

地区	2019 年执行数/亿元			2020 年预算数/亿元			预算数为上年执行数的百分比/%		
	上解	下拨	净上解	上解	下拨	净上解	上解	下拨	净上解
北京	513	171	342	631	169	463	123	99	135
天津	110	116	−6	125	134	−9	114	116	160
河北	151	179	−28	168	197	−29	111	110	106
山西	85	106	−21	106	151	−44	125	142	211
内蒙古	71	151	−80	82	168	−86	115	111	107
辽宁	170	627	−457	190	745	−556	112	119	122
吉林	77	196	−119	87	232	−145	112	119	123
黑龙江	89	522	−433	95	581	−486	107	111	112
上海	430	324	106	504	374	131	117	115	123
江苏	623	483	140	739	587	152	119	121	109
浙江	497	384	113	593	457	136	119	119	121
安徽	142	155	−13	185	189	−4	130	122	34
福建	205	93	112	254	85	169	124	92	150
江西	132	174	−42	153	192	−40	116	111	95
山东	441	359	82	510	439	71	116	122	86
河南	219	226	−7	250	261	−11	114	116	157
湖北	199	319	−120	231	418	−187	116	131	155
湖南	138	170	−32	161	187	−26	117	110	80
广东	965	348	617	1 085	440	646	113	126	105
广西	95	108	−13	113	124	−12	119	115	88
海南	32	34	−2	39	40	−1	122	118	57
重庆	170	188	−18	199	217	−18	117	115	100
四川	257	339	−82	343	393	−51	133	116	62
贵州	94	94	0	111	111	0	118	118	0
云南	97	97	0	114	114	0	118	118	0
西藏	8	8	0	14	14	0	177	177	0
陕西	111	119	−8	126	136	−10	113	114	120

表2-2(续)

地区	2019 年执行数/亿元			2020 年预算数/亿元			预算数为上年执行数的百分比/%		
	上解	下拨	净上解	上解	下拨	净上解	上解	下拨	净上解
甘肃	54	64	-10	62	85	-23	116	134	235
青海	16	22	-6	19	27	-8	116	123	143
宁夏	25	34	-9	32	37	-5	130	109	51
新疆	64	65	-1	57	65	-8	90	100	623
新疆兵团	23	28	-6	20	29	-11	81	102	177
全国	6 303	6 303	0	7 398	7 398	0	—	—	—

注：根据财政部 2020 年中央财政预算整理。

各地区的人口负担、经济发展以及养老保险制度等方面存在差异，单靠各地区的养老保险制度中央调剂基金绝对规模无法体现不同地区的贡献程度，因此，通过构建上解基金规模与当年基金收入的比例来衡量各地与全国的中央调剂基金上解相对规模（见表 2-3）。从表 2-3 可以看出：①尽管 2020 年中央调剂基金的整体预算规模超出 2019 年执行规模，但是各省份的上解绝对规模排序在 2019 年执行与在 2020 年预算过程中几乎没有变化；②从全国范围来看，2020 年中央调剂基金全国预算总规模占当年基金收入预算规模的比例为 22%，比 2019 年中央调剂基金全国执行总规模占当年基金收入执行规模的比例增加了 5%；③从各省份的情况来看，除了新疆维吾尔自治区和新疆生产建设兵团以外，其他地区的上解基金预算数占上年执行数的比例均高于基金收入预算数占上年执行数的比例，这意味着，尽管 2020 年养老保险基金的收入预算有所下降，但是中央调剂制度的收入预算仍然有所增加，表明了中央调剂制度调剂效应的进一步扩大。

表 2-3　2020 年中央调剂基金上解相对规模年度预算情况

地区	2019 年执行数				2020 年预算数				预算数为上年执行数的百分比/%	
	基金收入①/亿元	上解基金②/亿元	排序③	占比④/%=②/①	基金收入⑤/亿元	上解基金⑥/亿元	排序⑦	占比⑧/%=⑥/⑤	⑤/①	⑥/②
北京	2 432	513	3	21	2 063	631	3	31	85	123
天津	754	110	18	15	681	125	18	18	90	114

表2-3(续)

地区	2019年执行数				2020年预算数				预算数为上年执行数的百分比/%	
	基金收入①/亿元	上解基金②/亿元	排序③	占比④/%=②/①	基金收入⑤/亿元	上解基金⑥/亿元	排序⑦	占比⑧/%=⑥/⑤	⑤/①	⑥/②
河北	1 189	151	13	13	1 118	168	14	15	94	111
山西	769	85	23	11	706	106	22	15	92	125
内蒙古	620	71	25	11	576	82	25	14	93	115
辽宁	1 916	170	11	9	1 707	190	12	11	89	112
吉林	745	77	24	10	740	87	24	12	99	112
黑龙江	1 233	89	22	7	1 107	95	23	9	90	107
上海	2 466	430	6	17	2 144	504	6	24	87	117
江苏	2 753	623	2	23	2 436	739	2	30	89	119
浙江	2 372	497	4	21	2 250	593	4	26	95	119
安徽	1 061	142	14	13	916	185	13	20	86	130
福建	630	205	9	33	548	254	8	46	87	124
江西	727	132	16	18	740	153	16	21	102	116
山东	1 912	441	5	23	1 668	510	5	31	87	116
河南	1 263	219	8	17	1 198	250	9	21	95	114
湖北	1 486	199	10	13	1 334	231	10	17	90	116
湖南	1 192	138	15	12	934	161	15	17	78	117
广东	4 011	965	1	24	3 501	1 085	1	31	87	113
广西	668	95	20	14	619	113	20	18	93	119
海南	234	32	28	14	218	39	28	18	93	122
重庆	998	170	11	17	960	199	11	21	96	117
四川	2 061	257	7	12	2 025	343	7	17	98	133
贵州	462	94	21	20	413	111	21	27	89	118
云南	564	97	19	17	508	114	19	22	90	118
西藏	45	8	32	18	40	14	32	36	89	177
陕西	889	111	17	12	856	126	17	15	96	113
甘肃	384	54	27	14	344	62	26	18	90	116
青海	132	16	31	12	137	19	30	14	104	116
宁夏	189	25	29	13	173	32	29	19	91	130

表2-3(续)

地区	2019 年执行数				2020 年预算数				预算数为上年执行数的百分比/%	
	基金收入①/亿元	上解基金②/亿元	排序③	占比④/%=②/①	基金收入⑤/亿元	上解基金⑥/亿元	排序⑦	占比⑧/%=⑥/⑤	⑤/①	⑥/②
新疆	526	64	26	12	484	57	27	12	92	90
新疆兵团	249	23	30	9	251	19	30	7	101	81
全国	36 932	6 303	–	17	33 393	7 398	–	22	–	–

注：根据财政部 2020 年中央财政预算整理。

3 建立基本养老保险基金中央调剂制度的现实背景

中央调剂制度的出现从某种角度上来说是因为全国统筹在现实情况下推进艰难。统筹层次的提高多年来举步维艰的原因是多方面的，概括起来主要包括：①先试点后推广的制度路径。我国养老保险制度走的是渐进式改革道路，从 20 世纪 90 年代开始实行，允许地方试点探讨和发挥地方在征缴等方面的积极性，虽然多年来中央一直试图统一制度参数，但地方的路径依赖惯性难以改变，各地制度在政策和管理上都呈现出碎片化的不一致特征。②财政分灶体制下地方利益冲突问题。在中央和地方财政"分灶吃饭"的体制下，当一个地方出现养老保险支出缺口时，中央和地方等各级政府都要承担一定的财政补贴责任，即养老保险将各级财政"裹挟"（房连泉，2019）。随着统筹层次的提高，兜底支付等责任随之上移到中央政府，地方政府很可能出现征缴工作不积极、领取资格审核不严格等道德风险问题。如何解决中央和地方的"两个积极性"问题，是提高统筹层次面临的一个基本难题。③经办管理体制的不统一。各地区不一致的经办管理体制和碎片化的社保信息管理网络等，也在一定程度上制约了全国统筹层次的提高。总结来看，地区差距的普遍存在和各级政府之间的利益难以协调正是全国统筹举步维艰的重要现实原因。

3.1 基本养老保险制度的地区差异普遍存在

中央调剂制度及全国统筹的目标是实现地区间养老保险制度的均衡发展。地区间养老保险制度发展不均主要表现在三个方面：第一，养老负担不均；第二，替代率不均；第三，基金结余不均。其中，养老负担不均又体现在制度赡养率不均和缴费率不均两个方面，基金结余不均则是养老负担不均和替代率不均的必然结果。

与养老保险制度相关的参数与变量可以分为人口、经济与制度三大模块。考虑到地区经济发展差距在相当长一段时间内将继续存在，地区间人口结构的差异受到诸多因素的影响，且不在可控范围内，因此只有制度模块的相关指标能够在政策的调整中予以改变。该部分的地区差距主要描述制度层面的养老保险发展不均，主要体现在实际缴费率、平均养老金、实际替代率和基金结余四个方面。

3.1.1 老年抚养比的地区差异

老年抚养比用来衡量某地区的人口总体中 65 岁以上的老年人口占 15 岁至 64 岁的劳动力人口的比重。通过比较 2018 年分地区的老年抚养比（见表 3-1），可以发现：2018 年全国平均老年抚养比为 16.77%，包括西藏自治区、新疆维吾尔自治区、青海省、广东省、海南省、宁夏回族自治区、内蒙古自治区、福建省、云南省、天津市、江西省、山西省、北京市、广西壮族自治区、陕西省、黑龙江省、甘肃省、河南省和吉林省在内的 19 个地区的老年抚养比低于全国平均水平，且老年抚养比依次增加；贵州省、湖北省、浙江省、湖南省、河北省、安徽省、江苏省、上海市、辽宁省、重庆市、四川省和山东省 12 个地区的老年抚养比高于全国平均水平，且老年抚养比依次增加。

进一步分析上述结果，可以得出以下结论：第一，各地区的老年抚养比相对大小与地区经济发展水平的相对高低并无直接关联。比如，在经济发展水平较高的北京市、上海市和广东省，广东省的老年抚养比（11.04%）远远低于全国平均水平（16.77%），为全国老年人口赡养负担排名第四的城市，北京市的老年抚养比（14.38%）则与全国平均水平较为接近，而上海市的老年抚养比（19.88%）远远高于全国平均水平。第二，东北三省（黑龙江省、吉林省和辽宁省）为全国范围内最早出现养老保险基金当期缺口与累计缺口的地区，但这些地区的老年人口赡养负担并非全国最重，相反，山东省、四川省和重庆市为全国范围内老年人口赡养负担最重的地区。出现这种现象的原因是，老年抚养比与不同地区的老年人口以及劳动力人口密切相关，受人口迁移的影响较大，而经济因素并非人口迁移的唯一因素；同时，养老保险基金结余状况受多种因素影响，老年抚养比并非养老保险基金缺口出现的唯一原因。

表 3-1　2018 年分地区的 65 岁以上人口数和老年抚养比

地区	65 岁以上人口数/人	老年抚养比/%	老年抚养比排序	地区	65 岁以上人口数/人	老年抚养比/%	老年抚养比排序
北京	1 989	14.38	13	湖北	6 059	17.31	21
天津	1 397	13.85	10	湖南	7 057	18.36	23
河北	7 854	18.43	24	广东	7 687	11.04	4
山西	3 147	13.94	12	广西	4 046	14.72	14
内蒙古	2 047	12.81	7	海南	629	11.30	5
辽宁	5 353	20.00	28	重庆	3 678	21.09	29
吉林	2 743	16.42	19	四川	10 244	21.83	30
黑龙江	3 780	15.82	16	贵州	3 344	17.08	20
上海	2 972	19.88	27	云南	3 790	13.24	9
江苏	9 435	19.86	26	西藏	160	8.04	1
浙江	6 108	17.71	22	陕西	3 536	14.99	15
安徽	6 840	19.35	25	甘肃	2 446	15.92	17
福建	3 065	12.86	8	青海	375	10.42	3
江西	3 707	13.91	11	宁夏	507	12.67	6
山东	12 495	22.69	31	新疆	1 458	10.19	2
河南	8 698	16.34	18	全国	136 645	16.77	—

注：数据源于《中国统计年鉴 2019》，本表是 2018 年全国人口变动情况抽样调查样本数据，抽样比为 0.820‰。

3.1.2　经济发展程度的地区差异

我国 31 个省（区、市）的经济发展程度差异可以从生产总值、居民收入与支出以及财政收支三个方面进行描述，本书选择地区生产总值、人均地区生产总值、居民人均可支配收入、居民人均消费支出、一般公共预算收入和一般公共预算支出 6 个指标对我国经济发展的省际差异进行描述，具体见表 3-2。

从地区生产总值和人均地区生产总值来看，受地区人口数的影响，地区生产总值较高的地区人均地区生产总值不一定呈现同步的趋势。地区生产总值的中位省份是江西省（21 984.78 亿元），人均地区生产总值的中位省份则是湖南省（52 949 元）。地区生产总值最小和最大的省份分别是西藏自治区（1 477.63 亿元）和广东省（97 277.77 亿元），人均地区生产总值最小和最大的省份分别是甘肃省（31 336 元）和北京市（140 211 元）。

从居民人均可支配收入和消费支出来看，居民人均可支配收入与居民人均消费支出的中位省份分别是安徽省（23 983.6 元）和吉林省（17 200.4元）。居民人均可支配收入最小和最大的省份分别是西藏自治区（17 286.1元）和上海市（64 182.6 元），居民人均消费支出最小和最大的省份分别是西藏自治区（11 520.2 元）和上海市（43 351.3 元）。

从一般公共预算收入和支出来看，一般公共预算收入与一般公共预算支出的中位省份分别是山西省（2 292.70 亿元）和广西壮族自治区（5 310.74亿元）。一般公共预算收入最小和最大的省份分别是西藏自治区（230.35 亿元）和广东省（12 105.26 亿元），一般公共预算支出最小和最大的省份分别是宁夏回族自治区（1 419.06 亿元）和广东省（15 729.26亿元）。

表 3-2　2018 年中国经济发展的省际差异

地区	地区生产总值/亿元	人均地区生产总值/元	居民人均可支配收入/元	居民人均消费支出/元	一般公共预算收入/亿元	一般公共预算支出/亿元
北京	30 319.98	140 211	62 361.2	39 842.7	5 785.92	7 471.43
天津	18 809.64	120 711	39 506.1	29 902.9	2 106.24	3 103.16
河北	36 010.27	47 772	23 445.7	16 722.0	3 513.86	7 726.21
山西	16 818.11	45 328	21 990.1	14 810.1	2 292.70	4 283.91
内蒙古	17 289.22	68 302	28 375.7	19 665.2	1 857.65	4 831.46
辽宁	25 315.35	58 008	29 701.4	21 398.3	2 616.08	5 337.72
吉林	15 074.62	55 611	22 798.4	17 200.4	1 240.89	3 789.59
黑龙江	16 361.62	43 274	22 725.8	16 994.0	1 282.6	4 676.75
上海	32 679.87	134 982	64 182.6	43 351.3	7 108.15	8 351.54
江苏	92 595.40	115 168	38 095.8	25 007.4	8 630.16	11 657.35

表3-2(续)

地区	地区生产总值/亿元	人均地区生产总值/元	居民人均可支配收入/元	居民人均消费支出/元	一般公共预算收入/亿元	一般公共预算支出/亿元
浙江	56 197.15	98 643	45 839.8	29 470.7	6 598.21	8 629.53
安徽	30 006.82	47 712	23 983.6	17 044.6	3 048.67	6 572.15
福建	35 804.04	91 197	32 643.9	22 996.0	3 007.41	4 832.69
江西	21 984.78	47 434	24 079.7	15 792.0	2 373.01	5 667.52
山东	76 469.67	76 267	29 204.6	18 779.8	6 485.40	10 100.96
河南	48 055.86	50 152	21 963.5	15 168.5	3 766.02	9 217.73
湖北	39 366.55	66 616	25 814.5	19 537.8	3 307.08	7 258.27
湖南	36 425.78	52 949	25 240.7	18 807.9	2 860.84	7 479.61
广东	97 277.77	86 412	35 809.9	26 054.0	12 105.26	15 729.26
广西	20 352.51	41 489	21 485.0	14 934.8	1 681.45	5 310.74
海南	4 832.05	51 955	24 579.0	17 528.4	752.67	1 691.30
重庆	20 363.19	65 933	26 385.8	19 248.5	2 265.54	4 540.95
四川	40 678.13	48 883	22 460.6	17 663.6	3 911.01	9 707.50
贵州	14 806.45	41 244	18 430.2	13 798.1	1 726.85	5 029.68
云南	17 881.12	37 136	20 084.2	14 249.9	1 994.35	6 075.03
西藏	1 477.63	43 398	17 286.1	11 520.2	230.35	1 970.68
陕西	24 438.32	63 477	22 528.3	16 159.7	2 243.14	5 302.44
甘肃	8 246.07	31 336	17 488.4	14 624.0	871.05	3 772.23
青海	2 865.23	47 689	20 757.3	16 557.2	272.89	1 647.43
宁夏	3 705.18	54 094	22 400.4	16 715.1	436.52	1 419.06
新疆	12 199.08	49 475	21 500.2	16 189.1	1 531.42	5 012.45

注：根据《中国统计年鉴2019》中的相关数据整理形成。

如果按照东、中、西部地区对我国 31 个省（区、市）进行划分[①]，那么从各区域而言，东部地区的地区生产总值、人均地区生产总值、居民人均可支配收入、居民人均消费支出以及一般公共预算收入和一般公共预算支出的平均值均普遍高于中部和西部地区（见表 3-3）。这意味着我国经济发展的地区差异体现在省际差异和区域差异两个层次。

表 3-3　2018 年中国经济发展的区域差异

区域指标		地区生产总值/亿元	人均地区生产总值/元	居民人均可支配收入/元	居民人均消费支出/元	一般公共预算收入/亿元	一般公共预算支出/亿元
东部地区	平均值	46 028	92 848	38 670	26 459	5 337	7 694
	最小值	4 832	47 772	23 446	16 722	753	1 691
	最大值	97 278	140 211	64 183	43 351	12 105	15 729
中部地区	平均值	28 012	51 135	23 575	16 919	2 521	6 118
	最小值	15 075	43 274	21 963	14 810	1 241	3 790
	最大值	48 056	66 616	25 814	19 538	3 766	9 218
西部地区	平均值	15 359	49 371	21 599	15 944	1 585	4 552
	最小值	1 478	31 336	17 286	11 520	230	1 419
	最大值	40 678	68 302	28 376	19 665	3 911	9 708

3.1.3　养老保险缴费负担的地区差异

养老保险缴费率可分为名义缴费率和实际缴费率，是衡量养老保险缴费负担的重要指标。名义缴费率指政策规定的缴费率，实际缴费率由城镇职工养老保险人均缴费收入除以城镇单位在岗职工平均工资得到，是衡量现行养老保险制度下参保人员养老保险实际缴费负担的重要参数。我国各地区间人口结构以及经济发展水平的差异导致养老保险实际缴费率差距大

---

① 按照传统意义上的东、中和西部地区的划分，东部地区包括北京市、天津市、河北省、辽宁省、上海市、江苏省、浙江省、福建省、山东省、广东省和海南省 11 个省份，中部地区包括山西省、吉林省、黑龙江省、安徽省、江西省、河南省、湖北省和湖南省 8 个省份，西部地区包括四川省、重庆市、贵州省、云南省、西藏自治区、陕西省、甘肃省、青海省、宁夏回族自治区、新疆维吾尔自治区、广西壮族自治区和内蒙古自治区 12 个省份。

的现象由来已久。经济较为发达地区通常作为劳动力的主要流入地,享有极大程度上的人口红利,进而产生丰富的养老金红利,占有相当大部分的养老金累计结余;在地方政府享有一定自主决策权的基础上,为减轻企业负担,其更倾向于通过降低缴费率来吸引外来投资,促进经济发展;经济发展进一步为养老金红利的产生提供条件,经济发展与制度建设之间形成良性循环。因而,历史债务较轻、养老保险制度运行相对较好的地区通常与经济发展水平较高的地区相对应。

表3-4显示了2006—2015年各地区城镇职工基本养老保险制度的实际缴费率,通过计算各省份各年份实际缴费率与全国平均缴费率的差值,可以将全国31个省(区、市)划分为三类。第一类是各年份的实际缴费率持续低于全国平均缴费率的省份,这类省份有北京市、上海市、江苏省、浙江省、福建省、江西省、山东省、河南省、湖南省、广东省、海南省和新疆维吾尔自治区,其意味着这些省份的实际缴费负担在2006—2015年总低于全国平均缴费负担,其中广东省的实际缴费负担最轻。第二类是各年份的实际缴费率与全国平均缴费率的高低状况发生变化的省份,这类省份有天津市、河北省、辽宁省、安徽省、湖北省、广西壮族自治区、贵州省、陕西省和宁夏回族自治区,其中天津市、河北省、安徽省、贵州省、陕西省和宁夏回族自治区是由实际缴费负担高于全国平均缴费负担变为实际缴费负担低于全国平均缴费负担,其他省份则是由实际缴费负担低于全国平均缴费负担变为实际缴费负担高于全国平均缴费负担。第三类是各年份的实际缴费率持续高于全国平均缴费率的省份,这类省份有山西省、内蒙古自治区、吉林省、黑龙江省、重庆市、四川省、云南省、西藏自治区、甘肃省和青海省,其意味着这些省份的实际缴费负担在2006—2015年总高于全国平均缴费负担。通过计算各年份地区间缴费率的标准差,可以发现2006—2015年,我国地区间养老保险实际缴费率的差距呈现先扩大后缩小的趋势。2011年,基本养老保险制度实际缴费率标准差达到十年间的最大值(5.81);至2015年,基本养老保险实际缴费率的标准差为3.39,已降低至与2006年(3.43)相差不多的标准差水平。

表3-4 2006—2015年各地区城镇职工基本养老保险制度实际缴费率

单位:%

地区	2006年	2007年	2008年	2009年	2010年	2011年	2012年	2013年	2014年	2015年	2015年①
北京	16.0	15.0	13.3	13.9	12.6	11.8	11.3	11.0	10.6	11.0	15.3
天津	19.3	19.3	17.0	15.4	13.3	14.0	13.8	13.9	14.0	13.7	16.9
河北	21.6	21.8	20.1	20.3	20.5	19.4	18.7	17.8	16.0	14.1	17.4
山西	21.9	23.4	21.2	22.5	22.6	21.6	21.9	22.1	20.7	19.2	22.9
内蒙古	19.7	19.9	19.3	18.5	18.9	21.5	20.6	21.0	20.6	20.5	25.3
辽宁	16.7	16.3	16.7	15.9	15.7	17.2	17.9	18.5	17.7	16.8	20.6
吉林	19.6	21.5	18.6	17.9	17.5	18.5	17.4	18.0	17.6	16.7	22.7
黑龙江	18.7	20.4	19.6	23.7	21.4	19.7	20.9	20.6	19.8	19.0	22.8
上海	15.5	14.3	16.2	16.7	16.0	12.5	15.7	16.1	15.1	15.6	24.0
江苏	16.1	16.9	16.5	15.7	14.6	14.6	14.9	13.2	13.4	13.4	17.8
浙江	13.2	12.3	11.1	9.7	8.9	10.7	11.9	9.8	10.9	13.1	17.6
安徽	19.5	18.9	18.9	17.4	15.9	16.2	14.8	15.7	15.6	16.2	20.6
福建	14.8	12.8	12.1	11.7	9.7	8.9	8.7	10.0	9.6	9.3	11.3
江西	15.6	15.2	13.2	12.6	12.5	11.9	13.9	12.0	13.4	14.1	18.1
山东	17.5	18.6	17.5	17.6	16.9	11.4	16.1	14.5	13.6	15.2	18.4
河南	16.4	15.1	14.0	15.3	15.7	15.2	14.8	15.4	14.4	13.4	15.8
湖北	16.0	16.0	17.0	16.2	15.5	19.5	17.5	16.8	16.1	16.1	20.5
湖南	15.2	15.8	16.0	15.5	15.4	15.4	14.5	15.8	15.4	15.3	21.3
广东	11.9	10.3	10.3	9.6	9.1	8.3	8.4	8.7	7.3	7.4	9.5
广西	16.0	20.5	22.1	22.0	22.7	19.2	18.7	17.7	17.0	15.6	20.7
海南	16.8	15.5	15.4	14.0	11.7	12.5	11.3	10.6	9.7	9.2	12.9
重庆	21.0	21.7	21.9	26.9	16.7	19.3	19.0	17.0	15.2	15.1	19.9
四川	22.8	23.7	25.0	28.8	24.6	24.0	20.1	20.7	19.2	16.6	23.3

① 此列采用统计部门提供的全口径城镇私营单位与非私营单位就业人员的加权平均工资计算,其他列采用统计部门提供的城镇单位就业人员平均工资计算。

表 3-4（续）

地区	2006年	2007年	2008年	2009年	2010年	2011年	2012年	2013年	2014年	2015年	2015年
贵州	23.1	21.2	20.3	20.8	19.6	18.5	17.7	15.0	13.2	13.4	17.3
云南	20.5	21.7	20.7	20.7	20.8	25.7	22.7	20.9	19.3	18.2	22.9
西藏	25.3	17.4	19.8	26.1	31.6	29.6	30.5	31.4	30.5	22.8	30.1
陕西	21.8	19.4	19.4	18.4	17.3	17.0	18.5	17.8	16.9	14.5	17.8
甘肃	26.4	24.6	23.3	24.0	25.6	31.0	25.4	23.9	23.8	21.2	27.8
青海	20.4	19.5	18.7	19.3	19.0	24.9	19.6	18.7	17.9	17.4	20.5
宁夏	18.6	18.5	20.0	17.7	24.7	26.3	16.1	16.1	14.8	15.9	21.6
新疆	16.3	16.1	15.8	15.5	16.7	16.0	14.3	14.2	14.4	14.2	17.8
全国	18.5	18.2	17.8	18.1	17.5	18.0	17.0	16.6	15.9	15.3	21.3

数据来源：房连泉，周佳玲. 基本养老保险实际费负：基于地区差异和就业结构的实证分析[J]. 华中科技大学学报（社会科学版），2019（3）：11-18，43.

3.1.4 养老保险待遇水平的地区差异

对养老保险待遇水平的衡量可从绝对待遇水平和相对待遇水平两方面进行，其分别对应于基础养老金水平以及替代率水平。

3.1.4.1 绝对待遇水平——基础养老金

基础养老金是养老保险制度最重要的待遇之一，也是全体公民的基本权利。为保障全体公民在年老时能够获得基本均等化的养老保险待遇给付，政府应当在不同地区之间实现无歧视的基本供给。然而，长期偏低的统筹层次使得各地基础养老金水平差异巨大。表3-5显示了2014—2018年各地区人均月养老金。通过表3-5可以发现：2018年，内蒙古自治区、辽宁省、吉林省、黑龙江省、浙江省、江西省、河南省、湖北省、湖南省、重庆市、四川省、甘肃省和宁夏回族自治区的人均月养老金低于全国平均水平，其中，吉林省是全国人均月养老金最低的省份，低于全国平均养老金水平957元。通过计算各年份地区间人均养老金的标准差，可以发现2014—2018年，我国地区间养老保险人均月养老金的差距呈现先扩大后缩小的趋势。2014年，城镇职工基本养老保险制度人均月养老金标准差为395元；2017年，城镇职工基本养老保险制度人均月养老金标准差达到最大值（1 059 元），之后呈现下降趋势；至 2018 年，城镇职工基本养老保险制度人均月养老金标准差降至 1 038 元。

表 3-5　2014—2018 年各地区人均月养老金　　　单位：元

地区	2014年	2015年	2016年	2017年	2018年	地区	2014年	2015年	2016年	2017年	2018年
北京	3 064	3 399	4 477	4 104	4 313	湖北	1 890	2 087	2 229	2 953	3 002
天津	2 337	2 577	2 997	3 259	3 997	湖南	1 744	1 918	2 340	2 660	2 952
河北	2 246	2 571	2 703	2 712	3 697	广东	2 409	2 598	2 667	2 780	3 208
山西	2 427	2 718	2 874	3 712	3 619	广西	1 906	2 100	2 939	2 917	3 607
内蒙古	2 102	2 263	2 212	2 292	3 144	海南	1 927	2 117	2 228	2 806	3 165
辽宁	2 046	2 268	2 367	2 438	2 865	重庆	1 630	1 816	1 782	3 170	2 343
吉林	1 650	1 857	1 966	1 924	2 197	四川	1 689	1 848	2 871	2 325	2 393
黑龙江	1 933	2 164	2 273	2 440	2 591	贵州	1 988	2 129	2 375	3 395	3 544
上海	2 773	3 644	3 776	4 380	4 290	云南	2 023	2 251	2 486	4 665	3 269
江苏	2 071	2 257	2 400	2 675	3 253	西藏	3 356	4 123	7 194	7 672	8 220
浙江	2 169	2 314	2 708	2 939	2 965	陕西	2 259	2 462	2 646	3 253	3 374
安徽	1 865	2 045	2 175	2 025	4 211	甘肃	2 052	2 347	2 423	2 139	2 725
福建	2 252	2 459	2 807	3 052	3 168	青海	2 627	3 079	3 780	4 001	4 133
江西	1 676	1 903	1 957	2 336	2 512	宁夏	2 230	2 462	2 623	3 065	3 146
山东	2 538	2 774	2 868	3 077	3 221	新疆	2 382	2 640	3 963	3 696	3 634
河南	2 022	2 226	2 021	2 666	3 111	全国	2 110	2 353	2 627	2 876	3 154

数据来源：根据 2014—2018 年《中国统计年鉴》相关数据测算。

3.1.4.2　相对待遇水平——替代率

替代率是衡量退休职工养老金水平的一个重要指标。随着基本养老保险制度的发展，基本养老保险的缴费与计发政策也在不断发生变化。替代率的基本计算公式为养老金收入除以工资水平。养老金收入和工资水平可取不同口径，养老金收入可以是总收入或人均收入或个体收入，工资水平可以是退休前一年平均工资、在职期间平均工资、社会平均工资和缴费期间工资总额的现值等。学界根据养老金收入和工资水平的不同口径，对养老保险替代率这一指标设定了多种计算口径。

以个体为研究对象，有个体替代率之说，个体替代率指退休职工退休后第一年的养老金数额与职工退休前一年平均收入金额之比，用来衡量个体退休前后的相对收入状况；以总体为研究对象，有总体替代率之说，总体替代率指社会退休金总额与当年在职职工工资总额之比，反映退休金变化幅度和社会负担程度；从个体与群体的交叉视角，有交叉替代率之说，交叉替代率指退休后的个人养老金与社会平均工资之比，用以衡量个体退休后相对社会平均工资的养老金水平。此外，还有目标替代率、终身替代率和平均替代率之说。目标替代率，又称预期替代率，倾向于表示政策最终想要达到的目标替代率水平；终身替代率则是指从整个生命周期的角度来考虑养老保险的调剂作用，以个人终身养老金现值与缴费期间工资总额现值之比来表示；平均替代率是以总体平均水平为对象，以全体退休职工的人均养老金与当年在职职工平均工资之比表示。不同替代率水平的数值之间也会稍有差异。例如以退休前一年平均工资衡量的替代率比用在职期间平均工资衡量的替代率低，原因在于一般情况下，个体在职期间的工资水平应当呈现增长趋势。以个体退休前一年工资水平计算替代率，则可以使职工退休后的消费水平与退休前直接进行对比；以在职期间平均工资计算替代率，则可以使职工退休后的消费水平与在职期间平均消费水平相对比；以社会平均工资规定替代率，则会在不同收入群体之间产生不同的实际替代率。

比较不同口径替代率的定义与计算方法，平均替代率与当年当地的养老金支出办法密切相关，由人均离退休职工养老金收入除以城镇在岗职工平均工资得到，是衡量离退休参保者相对养老金收入水平的重要指标，能够代表当地离退休职工享受的养老保险水平，可以从微观层面反映地方养老保险发展状况。表3-6显示了2014—2018年全国和各地区的养老金平均替代率。通过表3-6发现：第一，我国的养老金平均替代率水平呈现持续增加趋势，1952年，国际劳工组织规定退休职工养老金平均替代率至少要达到40%，1994年，平均替代率最低标准被提高至55%。2014年，我国退休职工养老金平均替代率达到60%。第二，各省份的养老金平均替代率存在较大差异。2018年，北京市、天津市、吉林省、上海市、江苏省、浙江省、江西省、山东省、广东省、重庆市、四川省和甘肃省的养老金平均替代率水平低于全国平均水平，其他地区养老金平均替代率水平高于全国平均水平。第三，通过计算各年份地区间养老金平均替代率的标准差，可以发现 2014—2018 年，我国地区间养老金平均替代率的差距呈现逐步扩大趋势。2014 年，各省份养老金平均替代率标准差为 0.21；至 2018 年，养老金平均替代率的标准差扩大至 0.50。

表 3-6　2014—2018 年全国和各地区养老金平均替代率　单位:%

地区	2014年	2015年	2016年	2017年	2018年	地区	2014年	2015年	2016年	2017年	2018年
北京	48	50	61	52	50	湖北	65	66	65	78	73
天津	47	48	51	52	60	湖南	60	61	70	68	70
河北	74	77	73	70	89	广东	63	62	59	58	62
山西	72	78	79	102	92	广西	65	65	82	77	89
内蒙古	60	63	59	59	79	海南	63	64	59	68	70
辽宁	63	67	65	64	71	重庆	47	47	43	72	50
吉林	59	62	61	56	58	四川	50	51	77	58	51
黑龙江	68	70	65	67	58	贵州	59	57	57	74	73
上海	49	60	58	63	58	云南	70	70	64	111	72
江苏	55	55	54	57	66	西藏	171	199	263	334	343
浙江	57	57	63	63	60	陕西	68	69	69	80	79
安徽	57	58	59	53	103	甘肃	69	73	67	54	72
福建	62	62	67	69	68	青海	78	83	96	96	93
江西	56	60	56	62	61	宁夏	60	65	67	75	74
山东	72	72	67	66	64	新疆	61	64	89	82	86
河南	72	73	62	76	82	全国	60	62	64	66	67

数据来源：根据 2014—2018 年《中国统计年鉴》相关数据测算。

3.1.5　养老保险基金结余的地区差异

从 2018 年养老保险基金当期结余来看，有 4 个省份出现当期收不抵支，分别是辽宁省、黑龙江省、湖北省和青海省，其中辽宁省当期赤字规模高达 371 亿元。余下 27 个省份出现当期结余，当期结余规模最大的为广东省，其当期结余高达 2 121 亿元。从 2018 年养老保险基金累计结余来看，有 1 个省份出现累计基金亏空，即黑龙江省，其累计赤字规模达 557

亿元,余下 30 个省份出现累计结余,累计结余规模最大的为广东省,其累计结余高达 11 129 亿元。其中,养老保险基金累计结余前五的省份占全国养老保险基金累计结余总额的比例为 56.3%。由于在较低的统筹层次下各地区养老保险基金无法调剂,我国养老保险基金累计结余呈现明显的地区集聚性。

从 2014—2018 年各地区的养老保险基金当期结余变化趋势(见表 3-7)来看,部分地区当期基金结余逐年增加,如北京市、福建省、广东省和海南省;部分地区,如黑龙江省年年出现当期基金赤字;部分地区,如辽宁省、湖北省和青海省,由前几年存在当期结余状态转变为当期赤字状态。从 2014—2018 年各地区的养老保险基金累计结余变化趋势(见表 3-7)来看,除了黑龙江省已经从 2016 年开始出现赤字状态以外,其他省份至 2018 年均存在累计结余。从 2014—2018 年全国的养老保险结余变化趋势来看,尽管地区间养老保险基金结余的两极分化现象十分严重,但 2014—2018 年,全国养老保险基金当期结余持续存在,全国养老保险基金累计结余规模逐年扩大。

表 3-7 2014—2018 年各地区养老保险基金结余状况

单位:亿元

地区	当期结余					累计结余				
	2014年	2015年	2016年	2017年	2018年	2014年	2015年	2016年	2017年	2018年
北京	490	636	770	829	1 035	2 161	2 797	3 566	4 395	5 298
天津	43	35	1	58	60	362	396	398	463	530
河北	6	−63	−48	28	105	819	756	708	735	870
山西	108	32	41	152	85	1 233	1 264	1 306	1 458	1 560
内蒙古	16	3	−15	146	21	472	474	459	605	657
辽宁	56	−113	−254	−344	−371	1 284	1 171	917	573	310
吉林	2	−41	−40	−3	115	424	383	343	340	504
黑龙江	−106	−193	−327	−294	−163	323	131	−196	−486	−557
上海	183	191	422	196	225	1 260	1 451	1 873	2 069	2 242
江苏	338	309	239	330	522	2 855	3 164	3 403	3 731	4 696
浙江	399	375	201	416	141	2 696	3 070	3 294	3 710	3 797
安徽	137	160	143	209	273	882	1 042	1 185	1 394	1 682

表3-7(续)

地区	当期结余					累计结余				
	2014年	2015年	2016年	2017年	2018年	2014年	2015年	2016年	2017年	2018年
福建	74	86	104	119	162	490	576	701	820	939
江西	46	69	28	112	166	431	499	527	638	820
山东	115	260	152	-69	111	1 973	2 233	2 386	2 316	2 387
河南	92	66	53	50	86	931	998	1 051	1 104	1 197
湖北	27	29	-28	-71	-54	822	850	822	752	743
湖南	81	61	68	99	519	879	939	1 007	1 104	1 658
广东	770	1 088	1 140	1 559	2 121	5 444	6 533	7 653	9 245	11 129
广西	1	8	4	95	122	448	457	460	557	693
海南	2	11	20	39	58	104	114	134	174	235
重庆	105	94	79	62	109	662	755	835	897	1 026
四川	264	153	60	1 020	352	2 013	2 166	2 226	3 246	3 687
贵州	52	73	47	91	163	407	480	528	619	782
云南	70	78	163	137	188	573	651	814	951	1 138
西藏	8	9	28	46	16	40	50	78	124	140
陕西	33	-8	13	87	128	446	453	475	566	693
甘肃	40	5	10	28	44	361	366	376	404	458
青海	2	-8	-13	-8	-4	84	76	63	56	54
宁夏	-1	7	24	22	29	165	172	196	218	250
新疆	100	117	118	100	122	745	861	980	1 074	1 203
全国	3 553	3 527	3 201	5 242	6 485	31 787	35 331	38 563	43 849	50 820

数据来源：2014—2018年《中国统计年鉴》。

3.2 各级政府间的利益难以协调

3.2.1 各级政府及其行动逻辑

地区差异是我国基本养老保险全国统筹的基本动因，也是现实阻碍。然而，地区间人口与经济发展的不平衡现象在短期内无法消除，即养老保险全国统筹的实现必须建立在承认地区之间人口与经济差距的基础之上。养老保险制度发展的地区差异除了受到人口与经济因素的影响之外，在很大程度上还受到制度参数不统一的影响。养老保险制度参数的统一正好能够解决由制度本身引起的地区割裂问题，但基于我国分权运行的财政体制，基本养老保险统筹层次的提高将面临第二项现实障碍——政府间利益协调。

养老保险制度是一项准公共产品，政府应当在公共产品与准公共产品的供给中扮演重要角色。这种角色按照内容划分，可以分为"事权"与"财权"两类，"事权"指各级政府在公共物品供给中的职责和权限，"财权"指各级财政在政府履责过程中应当承担的支出责任（王国清、吕伟，2000；曾康华、李思沛，2014；周宵、刘洋，2019）。各级政府在养老保险制度中的"事权"与"财权"和统筹层次紧密相关。协调各级政府间利益就是根据统筹层次的变化重新划分各级政府职能，使各级政府的"事权"与"财权"相适应。

全国统筹意味着中央事权，即在全国范围内实行统一费率、统一支付标准，基金统一筹集和拨付，由中央政府的专门机构直接管理。省级统筹意味着地方事权，即在各省份实行统一费率、统一支付标准，基金统一筹集和拨付，由省级政府相关机构管理。无论是全国统筹还是省级统筹，各级财政都应当承担相应的支出责任。表3-8对中央政府和地方政府在统筹层次提高过程中的根本目标与基本责任进行了阐释与划分。

表3-8 统筹层次提高过程中的中央政府与地方政府分析

	中央政府	地方政府
根本目标	整体福利最大化	地区利益最大化
省级统筹	财政补贴责任	财政补贴责任 保费征收、基金管理和养老金发放责任
全国统筹	财政补贴责任 基金管理方 保费征收与养老金发放委托方	财政补贴责任 保费征收与养老金发放代理方

通过分析可以看出：其一，对中央政府和地方政府作"理性经济人"假设，中央政府以实现整体福利最大化为根本目标，而地方政府以实现地区利益最大化为根本目标。如何协调属地管理模式以平衡中央政府与地方

政府利益是推进养老保险全国统筹的难点之一。

其二，在省级统筹状况下，养老保险费征缴和养老金发放责任与基金管理责任都在地方政府，而随着统筹层次的提高，中央政府和地方政府的"事权"和支出责任部分发生变化，原本集中在地方政府的基金管理"财权"和保费征收与养老金发放"事权"出现分离，"财权"上升至中央政府，"事权"仍需借助地方政府执行，因而在中央政府和地方政府之间形成"事权"上的委托—代理关系。

其三，无论何种统筹层次，各级政府都应当对出现养老保险基金亏空的省份进行相应财政补贴。根据历史数据，从补贴的绝对规模来看，各级财政补贴基本养老保险基金规模由 2013 年的 3 019 亿元扩大到 2017 年的 8 004 亿元；从补贴的相对规模来看，各级财政补贴占当期养老保险基金收入的比例由 2013 年的 13.3%增加至 2017 年的 18.5%。[①] 在省级统筹层次的"暗补"模式下，中央与地方各级财政的补贴具体规模无法获取，统筹层次提高带来的央地权责重新划分将为财政补贴养老保险基金从"暗补"转为"明补"提供重要契机。

3.2.2 统筹层次提高中的各级政府利益协调

在省级统筹下，尽管地方政府在收、支、管上的理论责任为"应收尽收、支出控制和基金管理"，但实际情况中，受区域间"经济锦标赛"的影响，地方政府出于减轻当地企业负担、促进经济发展等目的，自行制定养老保险政策，这使得地方经济发展与制度发展之间形成一定程度上的双向加强或双向削弱。因此，若以 r_i 表示实施全国统筹给各地方政府带来的收益，以 R 表示实施全国统筹给中央政府带来的收益，则 r_i 可取正、负和零值，R 取正值。

当 $r_i \geq 0$（$i = 1, 2, \cdots, 31$）时，地方政府愿意接受全国统筹，当 $r_i < 0$ 时，地方政府不愿接受全国统筹。尽管地方收益并不能仅以养老保险基金收支状况为单一指标，但可以以地区间养老保险收支状况为例进行简单解释。从上一部分的分析可知，地区间养老保险收支状况存在较大差异，省份与省份之间大量基金盈余与收不抵支现象同时存在，对于基金盈余省份而言，$r_i < 0$，全国统筹带来的"事权"上升与其享有基金控制权的意愿相

---

① 数据来源：各年度《人力资源和社会保障事业发展统计公报》。

悖，因而主观上缺乏统筹积极性与征缴积极性；对于基金收不抵支省份而言，$r_i \geq 0$，全国统筹带来的"事权"上升预期使其出现脱责空间，因而将在主观上缺乏征缴积极性。

出现这一现象的根本原因是随着统筹层次的提高，养老保险制度资金面由地方层次上升到中央层次，但养老保险费的征缴与养老金的发放却不得不依赖于地方政府，因此在养老保险基金的征收管理过程中会形成委托—代理关系，而委托—代理关系中由信息不对称带来的机会主义行为将成为提高统筹层次的阻碍。其具体体现为当作为代理方的地方政府利益与作为委托方的中央政府利益不一致的时候，地方政府可能出现的道德风险问题。故可能会出现在全国统筹"事权"上升的情况下，地方政府通过降低养老保险征缴强度来缓解缴费负担，刺激经济增长。因此，只有建立垂直化的独立于地区行政系统的地方养老保险经办与管理机构，剥离制度与地方经济的关联，才能真正实现全国统筹。

3.2.3　提高统筹层次的体制困境——从社保经办机构的角度分析

行政管理体制是制约养老保险统筹层次提高的重要因素。目前，我国社会保险经办机构中的社会保险费征收机构是按照统筹层次设立的，隶属于地方政府，社会保险经办机构人员的升迁和待遇都直接受到对应地方政府的管理，这种行政管理模式决定了社保经办机构、社保费征收机构与地方政府相捆绑的利益模式，这使得养老保险统筹层次固化在各级地方政府层面，阻碍统筹层次的提高（郭昌盛，2019）。1999 年，国务院发布《社会保险费征缴暂行条例》，其规定社会保险费的征收机构由省（区、市）人民政府规定，可以由税务机关征收，也可以由劳动保障行政部门按照国务院规定设立的社会保险经办机构征收。2002 年，《国家税务总局关于税务机关征收社会保险费工作的指导意见》（国税发〔2002〕124 号）指出全国已有 17 个省份和 2 个计划单列市地方税务局征收社会保险费，"征收社会保险费是税务机关义不容辞的职责和义务"，"目前有些地区由两个机构共同征收社会保险费，不利于社会保险费征缴工作的开展"。2010 年，国家税务总局发布的《关于加强社会保险费收入统计和分析工作的通知》（国税函〔2010〕158 号）指出"已有 19 个省份和大连、宁波、厦门 3 个计划单列市的社会保险费由地方税务局征收"。然而，即便社会保险费由地方税务局负责征收，但由于地方税务局同样受到同级人民政府和国家税务总局的双重领导，依然阻碍着社会保险费统筹层次的提高。因此，建立垂直化的社会保险经办机构十分重要。

3.2.4 提高统筹层次的财务困境——从隐性债务的角度分析

庞大的隐性债务规模是制约养老保险统筹层次提高的另一重要因素。隐性债务的产生源于"统账结合"的模式改革和"视同缴费年限"的设计，这使得众多没有缴费的参保者也能领取相应养老金。由此而产生的制度转轨成本本应在改革初期就进行明确的责任划分，但却没有明确的规定，转而希望依靠提高缴费率等措施进行制度内的化解。随着制度的运行加之"混账管理"模式，隐性债务未妥善分配的弊端逐渐显现，个人账户空账现象愈演愈烈，且1998年以来，各级财政对养老保险制度的补贴规模居高不下，补贴依据却并不清晰。在预期人口老龄化加剧的未来，如果不能尽快依据老龄化、转轨成本和激励机制等不同类别来明晰各级财政的补贴责任，那么养老保险制度和各级财政都将面临极大的支付与可持续性风险。作为准公共产品的养老保险制度供给应当在中央政府与地方政府之间有明确的"事权"与财政支出责任的划分。

4 基本养老保险基金中央调剂制度的效应评估

4.1 中央调剂制度效应评估的测算思路、模型构建和数据来源

4.1.1 测算思路

中央调剂制度是省级统筹与全国统筹之间的过渡状态，是建立在省级统筹基础上的调剂制度，与真正的全国统筹尚存有差距。中央调剂制度影响地区养老保险发展状况的机制与路径如下。

第一，人口结构、经济发展水平和养老保险制度规定共同影响各地养老保险基金收支状况。从地方人口结构来看，尽管人口老龄化是全国范围内的各个省份都面临的普遍趋势，但不同省份内部仍旧存在差别，在职职工人数较多、退休职工人数较少的地区养老保险制度内赡养负担较轻，养老保险基金收支状况较好；从经济发展水平来看，经济发达省份的工资水平较高，前期积累下来的较好的养老保障基础、较好的经济实力以及较为雄厚的财政支持都将使其具有较强的应对人口老龄化的能力。此外，经济发展水平与地方人口结构之间存在双向影响。经济发展水平较高的省份因较高的工资和较多的就业岗位通常对劳动力具有更强的吸引力，因而其成为劳动力的主要流入地，流入的劳动力在该省份产生"人口红利"，其在流入省份缴纳的养老保险费能够增加流入省份的养老保险征缴收入，减轻当地养老保险实际缴费负担，对加强当地养老保险基金可持续性从而促进经济发展具有积极作用；经济欠发达省份则相应成为劳动力的主要流出

地，当劳动力在年老回到户籍地养老时，养老保险关系随之转移，但由于统筹资金转移比例仅为12%，作为劳动流出地的省份并不能获取流动参保者的全部养老保险统筹费用，却将承担其剩余生命周期内的全部养老保险待遇。如此一来，在经济发达省份劳动力的流入助益养老保险发展状况，形成经济发展与制度发展之间的良性循环，而欠发达省份由于劳动力的流出而形成经济发展与制度发展之间的双向负面影响。

第二，各地养老保险基金收支状况能够反映养老保险发展状况。地区养老保险发展状况可从参保人数、机构设置、基金管理和代际平衡等方面评价（邱长溶 等，2004）。其中，基金管理是评价地方养老保险发展状况的重要体系，包括基金收入、基金支出、基金保值增值和基金财务平衡四项指标。在地区养老保险基金管理的评价体系里，基金收入与基金支出直接决定基金结余，基金结余与地区养老保险基金财务平衡和偿付能力密切相关。地区养老保险发展不均最直接的体现就是地方养老保险基金当期结余与累计结余不均衡。有关省级统筹的研究表明（杜萌，2009），一般情况下，经济发展相对落后的地区在中央财政的补助下，反而能够率先实现完全的省级统筹，而经济发达地区由于具有较好的发展优势而更倾向于拒绝较高统筹层次的实现。

第三，中央调剂制度通过各地养老保险基金增量调剂对基金存量和养老保险发展状况产生影响。《国务院关于建立企业职工基本养老保险基金中央调剂制度的通知》规定，地区间养老保险基金余缺的调剂应当"不影响离退休人员个人待遇"，因此中央调剂制度理论上不会对地区养老金平均替代率和地区养老保险实际支出产生影响。中央调剂制度的基本运作规则是对所有省份当期的养老保险征缴收入进行同等的部分比例的上解，在全国形成中央调剂基金，并按照"以收定支"的原则将全部中央调剂基金以各省份离退休人数占比全部下拨。其实质是进行地区之间养老保险基金余缺的直接调剂，按照一定规则对所有地区的部分当期养老保险基金结余（增量）进行调整，并在此基础上缩小部分基金状况较好省份的当期基金结余规模，扩大部分基金状况较差省份的当期基金结余规模。从各省份养老保险基金当期结余的累计效应来看，当期养老保险基金结余（增量）的调整将会通过长期的基金结余累计效应，即利息与投资收入来均衡各省份养老保险基金累计结余（存量），进而对地区养老保险基金财务平衡和养老保险发展状况产生影响。如果中央调剂制度的实施缩小了基金结余大省的当期结余规模，那么将在一定程度上减缓该省份的基金累计结余增长速度；反之，如果中央调剂制度的实施扩大了基金结余较少省份的当期结余规模或者缩小了基金亏空省份的基金亏空规模，那么将在一定程度上减缓该省份的基金累计结余消耗速度。由此产生的综合效果可平衡不同省份之间的基金差异。

因此，中央调剂制度的本质是通过对养老保险基金流量的省际再分配，实现缩小当前养老保险制度地区间存量差异的目标。基于此，针对该制度的政策效应评估也从增量效应与存量效应两个角度进行。

4.1.1.1　增量效应

增量效应是指不考虑现有的各地区间累计结余的差异，仅考虑中央调剂制度下各地区的上解额、下拨额、净上解额、上解额与下拨额之比以及全国的调剂总量等当期变化指标所带来的增量结果。

根据《国务院关于建立企业职工基本养老保险基金中央调剂制度的通知》规定的中央调剂制度的基本内容，可得某省份的净上解额以及上解额与拨付额之比分别为：某省份净上解额＝某省份上解额度−某省份拨付额度；某省份上解额/拨付额＝某省份职工平均工资×（上解比例×90%）×（在职应参保人数/离退休人数）/全国人均拨付额。可以看出：当某省份上解额大于拨付额时，该省份为净输出省份，此时，该省份的净上解额大于 0，上解额/拨付额大于 1；当某省份上解额小于拨付额时，该省份为净输入省份，此时，该省份的净上解额小于 0，上解额/拨付额小于 1。同时，净上解额或者上解额/拨付额的数值与 0 或者 1 的差值越大，该省份净输入或者净输出的规模越大。

为进一步量化说明各省份净输入或净输出的调剂幅度，引入"实际调剂比例"这一指标。这一指标由净上解额除以基金收入计算，表示某省份的实际调剂规模占当年基金征缴收入的比重。若实际调剂比例大于 0，则该省份为净输出省份，且绝对值越大，净输出规模越大；若实际调剂比例小于 0，则该省份为净输入省份，且绝对值越大，净输入规模越大。

4.1.1.2　存量效应

增量效应评估能够确定各省份的净输入或净输出状态及规模，却不能更进一步说明中央调剂制度对地方养老保险基金产生的实际效应。中央调剂制度的主要内容是对各省份养老保险基金进行适度调剂，因此，通过各省份调剂前后的当期结余规模和累计结余规模对比，能够反映中央调剂制度实施的直接效果。中央调剂制度存量效应评估的基本公式为：某省份调剂后当期结余＝某省份当期结余－某省份净上解额；某省份累计结余＝上年度累计结余×（1＋利率）＋当期基金结余。

对中央调剂制度进行存量效应评估需要在构建各省份调剂后当期结余和累计结余模型的基础上，通过在全国范围内考虑各地区间当期结余与累计结余差异，一方面从地区间结余规模及标准差等指标的角度评估中央调剂制度对缩小地区差异的作用，另一方面从出现缺口的省份个数及缺口规模、盈余省份的盈余规模和全国缺口等指标的角度评估中央调剂制度对缓解养老金支付风险产生的作用。

4.1.2 模型构建

因中央调剂制度实施时间尚短，为掌握中央调剂制度的基本运行规律，本章采用中央调剂制度实施之前的历史数据模拟中央调剂制度的运行，并对其单个年份和不同年份区间的增量效应与存量效应进行评估。其具体做法为：假设中央调剂制度从 2013 年开始实施至 2017 年，根据《国务院关于建立企业职工基本养老保险基金中央调剂制度的通知》规定的各省份上解和下拨办法，在获取相关数据的基础上，可得 31 个省（区、市）的上解额、下拨额、净上解额、上解额/拨付额、实际调剂比例和调剂前后的当期结余。

根据《国务院关于建立企业职工基本养老保险基金中央调剂制度的通知》相关规定，设定参数如下：

i——31 个省（区、市）

$Q^i(t)$——i 省 t 年企业就业人数

$Z^i(t)$——i 省 t 年在职参保人数

$L^i(t)$——i 省 t 年离退休人数

$q^i(t)$——i 省 t 年参保率

$\overline{W}^i(t)$——i 省 t 年平均工资

g_t^i——i 省 t 年平均工资增长率

β——上解比例

$U^i(t)$——i 省 t 年上解规模

$D^i(t)$——i 省 t 年下拨规模

$Y^i(t)$——i 省 t 年养老保险基金征缴收入

$\Delta^i(t)$ —— i 省 t 年净上解规模

$\Gamma^i(t)$ —— i 省 t 年下拨额与上解额之比

$\lambda^i(t)$ —— i 省 t 年实际调剂比例

$B^i(t)$ —— i 省 t 年中央调剂制度实施以前当期结余

$A^i(t)$ —— i 省 t 年中央调剂制度实施以后当期结余

$\mathrm{BR}^i(t)$ —— i 省 t 年中央调剂制度实施以前人均当期结余

$\mathrm{AR}^i(t)$ —— i 省 t 年中央调剂制度实施以后人均当期结余

则有:

$$U^i(t) = \overline{W}^i(t) \times 90\% \times \frac{Q^i(t) + Z^i(t)}{2} \times \beta \tag{4-1}$$

$$\overline{W}^i(t) = \overline{W}^i(t_0) \times \prod_{t=t_o+1}^{t} (1 + g_t^i) \tag{4-2}$$

$$Z^i(t) = Q^i(t) \times q^i(t) \tag{4-3}$$

$$\mathrm{BR}^i(t) = B^i(t)/[Z^i(t) + L^i(t)] \tag{4-4}$$

$$\mathrm{AR}^i(t) = A^i(t)/[Z^i(t) + L^i(t)] \tag{4-5}$$

i 省 t 年养老保险中央调剂金上解额与下拨额分别为:

$$U^i(t) = 45\% \times \beta \times \overline{W}^i(t_0) \times \prod_{t=t_o+1}^{t} (1 + g_t^i) \times Q^i(t) \times [1 + q^i(t)]$$

$$\tag{4-6}$$

$$D^i(t) = \sum_{i=1}^{31} U^i(t) \times \left[L^i(t) / \sum_{i=1}^{31} L^i(t) \right] \tag{4-7}$$

i 省 t 年养老保险中央调剂金净上解规模(上解额与下拨额之差)、下拨额与上解额之比以及实际调剂比例分别为:

$$\Delta^i(t) = U^i(t) - D^i(t) = U^i(t) - \left[L^i(t) / \sum_{i=1}^{31} L^i(t) \right] \times \sum_{i=1}^{31} U^i(t) \tag{4-8}$$

$$\Gamma^i(t) = D^i(t)/U^i(t) = \left[L^i(t) / \sum_{i=1}^{31} L^i(t) \right] / \left[\overline{W}^i(t) / \sum_{i=1}^{31} \overline{W}^i(t) \right] \tag{4-9}$$

$$\lambda^i(t) = \Delta^i(t)/Y^i(t) \tag{4-10}$$

养老保险中央调剂制度实施前后 i 省 t 年当期结余关系为:

$$A^i(t) = B^i(t) - \Delta^i(t) \tag{4-11}$$

4.1.3 数据来源

本书数据来源包括:

其一，某省份城镇私营单位就业人数（具体见附表1）。

其二，某省份城镇私营单位平均工资（具体见附表2）。

其三，某省份城镇非私营单位就业人员工资总额（具体见附表3）。

其四，某省份城镇非私营单位就业人数。该数据由该省份城镇非私营单位就业人员工资总额除以城镇非私营单位就业人员平均工资（见附表4）得到。

其五，某省份在职参保人数（具体见附表5）。

其六，某省份企业就业人数。该数据由各省份城镇非私营企业就业人数和各省份城镇私营企业和个体就业人数相加得到。

其七，某省份离退休人数（具体见附表6）。

其八，上解比例。根据《降低社会保险费率综合方案》，上解比例取3.5%。

其九，某省份养老保险基金当期结余（具体见附表7）。

4.2 2017 年中央调剂制度的实施效果分析

将相关数据代入模型中计算，可从上解额、下拨额、净上解额、上解额与下拨额之比、实际调剂比例以及调剂前后的当期结余等指标看出单个年份（以 2017 年为代表）的中央调剂制度的实施效果（见表4-1）。

表 4-1　2017 年中央调剂制度的实施效果分析

省份	上解额/亿元	下拨额/亿元	净上解额/亿元	上解额/下拨额	实际调剂比例/%	调剂前当期结余/亿元	调剂后当期结余/亿元
北京	438.1	152.9	285.2	2.86	12.83	828.7	543.5
天津	107.9	115.5	-7.6	0.93	-0.85	58.2	65.8
河北	155.0	234.3	-79.3	0.66	-5.51	27.6	106.9
山西	87.9	131.3	-43.4	0.67	-3.51	152.3	195.7
内蒙古	82.3	138.9	-56.6	0.59	-6.63	146.3	202.9
辽宁	160.2	407.5	-247.4	0.39	-13.28	-343.8	-96.4
吉林	78.9	179.5	-100.6	0.44	-13.17	-2.9	97.7

表4-1(续)

省份	上解额/亿元	下拨额/亿元	净上解额/亿元	上解额/下拨额	实际调剂比例/%	调剂前当期结余/亿元	调剂后当期结余/亿元
黑龙江	95.4	283.0	−187.6	0.34	−15.12	−293.7	−106.1
上海	326.1	264.3	61.8	1.23	2.23	196.3	134.5
江苏	566.2	430.1	136.1	1.32	4.72	330.3	194.2
浙江	429.9	403.8	26.1	1.06	0.85	415.9	389.8
安徽	164.1	174.4	−10.4	0.94	−1.04	208.7	219.1
福建	204.3	98.3	106.0	2.08	13.50	118.8	12.8
江西	123.9	166.2	−42.3	0.75	−4.34	111.5	153.8
山东	368.1	345.1	23.0	1.07	1.01	−69.4	−92.4
河南	240.8	248.5	−7.7	0.97	−0.51	49.7	57.4
湖北	185.5	284.2	−98.7	0.65	−5.50	−70.6	28.1
湖南	138.3	228.3	−90.0	0.61	−6.22	99	189.0
广东	974.9	307.4	667.6	3.17	19.31	1 559	891.4
广西	97.8	136.1	−38.3	0.72	−3.92	95.1	133.4
海南	33.2	37.2	−4.0	0.89	−1.49	39.1	43.1
重庆	164.5	194.9	−30.4	0.84	−2.12	62.3	92.7
四川	231.0	440.8	−209.8	0.52	−6.36	1 019.5	1 229.3
贵州	78.5	76.3	2.2	1.03	0.33	91.4	89.2
云南	93.6	92.5	1.1	1.01	0.10	137.1	136.0
西藏	6.1	5.0	1.1	1.22	0.83	46.1	45.0
陕西	125.0	133.1	−8.1	0.94	−0.77	87.4	95.5
甘肃	54.0	76.5	−22.5	0.71	−5.76	27.8	50.3
青海	18.0	23.1	−5.1	0.78	−2.57	−7.9	−2.8
宁夏	24.5	32.5	−8.0	0.75	−3.30	21.6	29.6
新疆	97.9	110.4	−12.5	0.89	−1.24	100.1	112.6
全国	5 952.1	5 952.1	0	1	—	5 241.5	5 241.5

4.2.1 净输出与净输入省份

从表4-1可以看出，北京市、上海市、江苏省、浙江省、福建省、山东省、广东省、贵州省、云南省和西藏自治区10个省份的净上解额为正，上解额/下拨额大于1，为中央调剂制度的净输出省份，即贡献省份，这些省份的调剂后当期结余规模小于调剂前当期结余规模。其余21个省份的净上解额为负，上解额/下拨额小于1，为中央调剂制度的获益省份，这些省份的调剂后当期结余规模大于调剂前当期结余规模。

如果按照净输出省份的净输出规模从大到小排序，广东省2017年净输出规模最大，为667.6亿元，云南省和西藏自治区2017年的净输出规模最小，为1.1亿元，中间的各省份按照净输出规模从大到小排序依次为北京市、江苏省、福建省、上海市、浙江省、山东省和贵州省。同样，如果按照净输入省份的净输入规模从大到小排序，辽宁省2017年净输入规模最大，为247.4亿元，海南省2017年的净输入规模最小，为4亿元，广西壮族自治区为净输入省份规模排序中的中位省份，其净输入规模为38.3亿元。

如果按照净输出规模占基金收入的比例，即实际调剂比例从大到小排序，则广东省2017年的实际调剂比例最大，净输出规模占当年基金收入的比例达到19.31%，云南省2017年的实际调剂比例最小，净输出规模占当年基金收入的比例仅为0.10%，中间各省份实际调剂比例按照从大到小的排序依次为福建省、北京市、江苏省、上海市、山东省、浙江省、西藏自治区和贵州省。同样，按照净输入规模占基金收入的比例从大到小排序，则黑龙江省2017年的实际调剂比例最大，净输入规模占当年基金收入的比例达到15.12%，其次是辽宁省和吉林省，分别为13.28%和13.17%，河南省2017年的实际调剂比例最小，净输入规模占当年基金收入的比例仅为0.51%。

显然，通过比较所有净输出省份的净输出规模（或者所有净输入省份的净输入规模）排序和实际调剂比例排序可以发现，大多数省份两者的排序并不一致，这意味着尽管有些省份的净输出绝对规模较大，但在考虑其当年的基金收入之后，这些省份的实际调剂比例排序会发生相应变化。将各地区的基金收入能力考虑在内的实际调剂比例的排序会比仅考虑绝对规模的净输出规模排序要更能说明各省份的贡献程度。

4.2.2 全国调剂总额、全国净流出总额和全国调剂比例

全国调剂总额表示全国上解（或下拨）养老保险基金总额。从全国调剂总额来看，2017 年，若以 3.5% 的上解比例筹集，则中央调剂金在全国范围内的调剂总额为 5 952.1 亿元，占当年城镇职工基本养老保险基金征缴收入的 17.8%[①]。

在现行中央调剂制度的设计下，全部省份都向中央调剂基金上解，同时全部省份都将获得中央调剂基金下拨，但从净效应来看，并不是所有省份的所有上解金额都实现了全国范围内的流动，以下拨基金方式返还到省级的调剂基金本质上没有发生流动。因此，需要一个指标来衡量中央调剂基金的净流动规模。

全国净流出总额表示全部上解总额中用于省际调剂的养老保险基金总额，即当年所有养老保险基金净流出省份的净流出基金规模，其与当年所有养老保险基金净流入省份的净流入基金规模相等。

全国调剂比例的计算方法为全国净流出总额除以全国调剂总额，用于表示省际调剂的养老保险基金规模占全部上解养老保险基金的比例，即全国养老保险基金的调剂程度。

全国净流出总额从绝对规模的角度出发，而全国调剂比例从相对比例的角度出发，但它们共同说明全国用于省际调剂的养老保险基金总量。2017 年，若以 3.5% 的上解比例筹集，则所有养老保险基金净流出省份的净流出基金规模为 1 310.1 亿元，全国调剂比例为 22.0%，这意味着仅 22.0% 的上解资金规模用于实际的省际调剂，余下 78.0% 的上解资金规模在上解以后以下拨方式返还到各省份。

4.2.3 全国与地区当期结余

从中央调剂制度的运作模式来看，其实施并不会影响全国范围内的基本养老保险基金当期结余之和，2017 年，我国基本养老保险基金当期结余之和为5 241.5亿元，未随中央调剂制度的实施而改变。

从各地区基本养老保险基金当期总结余标准差来看，若不实施中央调剂制度，基本养老保险基金当期结余标准差为 359.17 亿元，若实施中央调

---

① 根据《2017 年度人力资源和社会保障事业发展统计公报》，2017 年城镇职工基本养老保险基金征缴收入为 33 403 亿元。

剂制度，基本养老保险基金当期结余标准差降至 269.42 亿元。

从各地区基本养老保险基金人均当期结余标准差来看，若不实施中央调剂制度，基本养老保险基金人均当期结余标准差为 2 249.18 元，若实施中央调剂制度，基本养老保险基金人均当期结余标准差降至 2 017.84 元。

以上结论意味着中央调剂制度在不改变全国当期结余之和的基础上，能够缩小地区之间养老保险基金总当期结余和人均当期结余的差距，从而起到缩小地区差异的作用。

4.3　2013—2017 年中央调剂制度的实施效果分析

4.3.1　省级层面的中央调剂制度增量效应分析

从式（4-6）和式（4-7）可以看出，2013—2017 年，同一地区的上解规模变化受该地区各年工资增长率、企业就业人数变化率以及参保率变化率的影响，同一地区的下拨规模变化受该地区各年离退休人数变化率和全国人均拨付额变化率的影响。

图 4-1、图 4-2 和图 4-3 分别展示了 2013 年和 2017 年我国 31 个省（区、市）上解额、下拨额与净上解额的变化情况。通过图 4-1、图 4-2、图 4-3 可以看出：①尽管不同省份上解规模的扩大幅度有所不同，但随着时间推移，各省份上解规模均呈现扩大趋势。

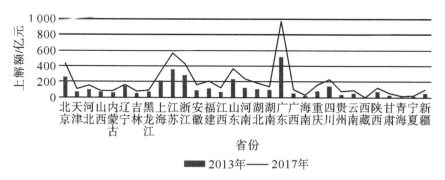

图 4-1　2013 年和 2017 年我国 31 个省（区、市）上解额变化情况

②尽管不同省份的下拨规模的扩大幅度有所不同，但随着时间推移，各省份下拨规模均呈现扩大趋势。

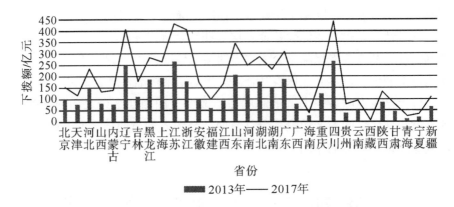

图 4-2　2013 年和 2017 年我国 31 个省（区、市）下拨额变化情况

③在各省份上解规模和下拨规模同时呈现扩大趋势时，各省份净上解规模变化情况各异。随着时间推移，北京市、上海市、江苏省、福建省、广东省、贵州省、云南省和西藏自治区的净输出规模扩大，浙江省和山东省的净输出规模缩小，天津市、河北省、山西省、内蒙古自治区、辽宁省、吉林省、黑龙江省、安徽省、江西省、湖北省、湖南省、广西壮族自治区、四川省、甘肃省、青海省、宁夏回族自治区和新疆维吾尔自治区的净输入规模扩大，河南省、海南省、重庆市和陕西省的净输入规模缩小。

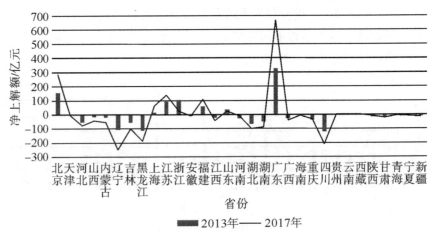

图 4-3　2013 年和 2017 年我国 31 个省（区、市）净上解额变化情况

4.3.2　全国层面的中央调剂制度增量效应分析

中央调剂制度的全国增量效应是指全国范围内的中央调剂基金流动状

况，可从调剂总额、人均拨付额、净流出总额和调剂比例四个方面说明（见表4-2）。

表4-2 2013—2017年中央调剂制度的全国增量效应分析

指标	2013年	2014年	2015年	2016年	2017年
调剂总额/亿元	3 571	4 144	4 671	5 287	5 952
人均拨付额/元	4 445	4 827	5 113	5 237	5 402
净流出总额/亿元	779	917	1 024	1 160	1 310
调剂比例	0.22	0.22	0.22	0.22	0.22

从全国调剂总额来看，2013年，中央调剂制度全国调剂总额为3 571亿元，此后逐年增加，至2017年，全国调剂总额增加至5 952亿元，增长率达66.7%。从人均拨付额来看，2013年，中央调剂制度人均拨付额为4 445元，此后逐年增加，至2017年，人均拨付额增加至5 402亿元，增长率达21.5%。由此可得，人均拨付额的增长率低于全国调剂总额的增长率，这意味着全国离退休人数增长率低于全国调剂总额增长率而高于人均拨付额增长率。

从净流出总额来看，2013年，3 571亿元全国调剂总额中有779亿元为净流出总额，此后逐年增加，至2017年，5 952亿元全国调剂总额中有1 310亿元为净流出总额，增长率达68.2%。从调剂比例来看，2013年全国净流出总额占全国调剂总额的比例为22%，此后各年该比例维持不变。这意味着，即使保持目前3.5%的上解比例不变，但随着时间推移，用于省际调剂的养老保险基金总额仍旧不断增加，基本养老保险制度的财政补贴规模会因该部分基金规模的扩大而相应缩小。换句话说，中央调剂制度的实施能够减少财政负担，且即使不提高上解比例，这种减少效应也会呈现强化趋势，但这种强化效应是由经济增长和制度覆盖面增加带来的，与调剂制度的参数设计无关。

4.3.3 中央调剂制度的存量效应分析——缩小地区差异

中央调剂制度的省级增量效应与全国增量效应并非最终目标，中央调剂制度的最终目标应当是在存量效应上实现特定目标。本章对存量效应的评估主要从中央调剂制度对缩小地区差异和缓解支付缺口的作用两个角度进行。

为了更进一步考察中央调剂制度对地区基本养老保险制度产生的影响，本章在考虑各地区结余差异的基础上，选取地区当期结余标准差指标①对中央调剂制度在缩小地区差异上的存量效应进行评估。通过表4-3可看出实施调剂制度对地区当期结余标准差的影响，进而评估出中央调剂制度在缩小地区差异上的存量效应。

表4-3　2013—2017年中央调剂制度实施前后的地区当期结余标准差

指标	2013年	2014年	2015年	2016年	2017年
调剂前总当期结余标准差/亿元	166.9	172.0	233.4	262.3	359.2
调剂前人均当期结余标准差/元	1 067.3	682.5	935.6	1 235.4	2 249.2
调剂后总当期结余标准差/亿元	114.8	105.2	134.5	146.0	269.4
调剂后人均当期结余标准差/元	853.2	912.5	826.9	2 249.8	2 017.8

其一，2013—2017年，中央调剂制度的实施对总当期结余标准差的影响一致，五年均呈减少趋势；2013—2017年，中央调剂制度的实施对人均当期结余标准差的影响各异，其中2013年、2015年和2017年人均当期结余标准差减少，2014年和2016年的人均当期结余标准差增加。

其二，中央调剂制度的实施对地区间"总"结余标准差的影响要大于对"人均"结余标准差的影响，这意味着实施中央调剂制度将在更大程度上缩小地区间的总基金结余差距，但对于缩小人均年度结余差距的作用并不明显。

其三，无论是调剂前后的总当期结余标准差，还是调剂前后的人均当期结余标准差，均呈现随时间推移不断增加的趋势，因此，中央调剂制度的实施只能在一定程度上缩小地区之间差距，却无法改变地区之间养老保险基金差距不断扩大的总体趋势。

4.3.4　中央调剂制度的存量效应分析——缓解支付缺口

为了更进一步考察中央调剂制度对地区基本养老保险制度产生的影响，本章在考虑各地区结余差异的基础上，选取出现当期赤字省份个数、

---

① 地区间结余规模能够直观反映中央调剂制度实施前后，地区间结余规模的变化情况；但地区间结余标准差在反映中央调剂制度在缩小地区差异上的作用时更加直观。

省份、赤字总规模、盈余省份盈余总规模和全国基金结余五个指标①对中央调剂制度在缓解支付缺口上的存量效应进行评估（见表4-4）。

表4-4 2013—2017年中央调剂制度在缓解支付缺口上的存量效应分析

指标	2013年	2014年	2015年	2016年	2017年
实施前赤字省份个数/个	1	2	6	7	6
实施前赤字省份	黑龙江	黑龙江、宁夏	河北、辽宁、吉林、黑龙江、陕西、青海	河北、内蒙古、辽宁、吉林、黑龙江、湖北、青海	辽宁、吉林、黑龙江、山东、湖北、青海
实施前赤字省份赤字总规模/亿元	40.4	107.2	425.3	726.4	788.3
实施前盈余省份盈余总规模/亿元	4 248.0	3 659.9	3 951.8	3 927.0	6 029.8
实施前全国基金结余/亿元	4 207.6	3 552.7	3 526.5	3 200.6	5 241.5
实施后赤字省份个数/个	0	0	2	3	4
实施后赤字省份	－	－	黑龙江、青海	辽宁、黑龙江、青海	辽宁、黑龙江、山东、青海
实施后赤字省份赤字总规模/亿元	0	0	36.4	210.5	297.8
实施后盈余省份盈余总规模/亿元	4 207.6	3 552.7	3 562.9	3 411.1	5 539.3
实施后全国基金结余/亿元	4 207.6	3 552.7	3 526.5	3 200.6	5 241.5

从中央调剂制度实施前后赤字省份个数来看，无论是否实行中央调剂制度，2013—2017年养老保险统筹账户在全国范围内出现年度缺口的省份个数均有所增加，养老金支付风险逐年增加。但毫无疑问，中央调剂制度

---

① 目前我国东北地区已经出现当期基金缺口和累计基金缺口，这说明当期基金支付缺口已经到了地方财政补贴不足以支持，需要动用累计结余的程度，如果中央调剂制度能够给予这些省份基金支持，必然能够减轻地方和中央财政的压力，出现缺口的省份个数及缺口规模能在一定程度上反映各省份的财政压力；盈余省份的盈余规模能从缺口之外的另一个侧面反映中央调剂制度还具有多大的转移支付空间；全国缺口能够反映中央调剂制度对全国整体养老金支付风险的缓解作用。

的实施能在一定程度上减缓全国范围内出现缺口的省份个数增长速度。2013—2017 年，中央调剂制度实施前后出现当期赤字的省份个数分别由 1 个、2 个、6 个、7 个和 6 个减少到 0 个、0 个、2 个、3 个和 4 个。

将各年出现缺口省份的缺口规模加总得到中央调剂制度实施前后赤字省份赤字总规模，实施中央调剂制度可以通过地区之间的基金余缺调剂来减少出现缺口省份的缺口总规模，但无法真正改变全国范围内出现缺口省份的总缺口规模不断增加的趋势。同时，从出现赤字省份的赤字总规模增加速度上来看，中央调剂制度的实施能在一定程度上使得出现缺口省份的总缺口规模增加速度放缓。综上所述，中央调剂制度的实施对于降低养老金支付风险的作用更应当被描述为"缓解"而非"解决"。

若从盈余省份的角度出发，加总所有盈余省份的盈余规模，可以得到与上述结果相似的结论。结合赤字省份赤字总规模的变化趋势来看，中央调剂制度的实施能够显著减少盈余省份的盈余规模和缺口省份的缺口规模。除此以外，无论是否实施中央调剂制度，所有盈余省份的累计总盈余规模呈现出先缩小后扩大的趋势。因此，即使实施中央调剂制度，2013—2017 年盈余省份的累计总盈余规模和缺口省份的累计总缺口规模仍旧不断扩大，地区间失衡状况加剧。

从全国基金结余规模来看，中央调剂制度的实施并不改变各年份全国基金结余规模。这意味着，中央调剂制度能够有效缓解部分省份的养老金支付风险，却解决不了全国总量上的养老金支付风险根本问题。从具体数据来看，2013—2016 年，我国养老保险统筹账户基金年度结余规模不断缩小，由 2013 年的 4 207.6 亿元缩小到 2016 年的 3 200.6 亿元，2017 年全国养老保险统筹账户基金结余为 5 241.5 亿元，超过前面四年的基金当期结余规模。

本章在不改变现行中央调剂制度相关规定的前提条件下，以 2013—2017 年的历史数据为依据，分别对中央调剂制度在某一年份（2017 年）以及某一时间段（2013—2017 年）的实施效果进行分析。

针对某一年份的分析，说明了在不实施中央调剂制度与实施中央调剂制度的情况下，各省份的上解额、下拨额、净上解额、上解额与下拨额之比、实际调剂比例以及中央调剂制度实施前后当期养老保险基金结余变化情况。分析结果表明：中央调剂制度的实施，能够起到"劫富济贫"的作用，调节基本养老保险制度的结构性失衡问题。

针对某一时间段的分析，说明了在持续实施不调整的中央调剂制度的情况下，中央调剂制度的省级增量效应、全国增量效应以及存量效应的变化情况。分析结果表明：即使不改变中央调剂制度的相关参数，由于各地区人口参数与经济参数的变化，中央调剂制度在缩小地区差异和缓解支付缺口上都能起到一定作用，但是该作用有限，尚存改进空间。

5 上解方案调整对中央调剂制度效应的影响分析

上解方案是中央调剂方案的重要组成部分，上解方案的核心是各地区上解规模的计算公式。显然，在目前的制度设计下，各省份上解规模与其平均工资、在职应参保人数和上解比例息息相关。其中，平均工资与当地经济发展水平等因素直接相关，可被视作中央调剂制度系统之外的外生变量，上解比例和在职应参保人数是影响各省份上解规模的重要参数，在下拨方案不变的情况下，它们的改变将会对中央调剂制度的效应产生什么样的影响呢？从上解比例的角度考虑，是否存在特定目标下的最优缴费比例呢？

除了上解比例以外，如果从在职应参保人数的计算方法的角度考虑，目前以在职参保人数和企业就业人数二者的平均值计算在职应参保人数的做法一方面能够在一定程度上激励制度覆盖率较低的地区扩大参保覆盖面，另一方面在很大程度上提高了覆盖率较低地区的上解额，在中央补贴制度不变的前提条件下，将存在影响其短期养老保险基金收支平衡以及加大地方政府财政压力的可能。那么，在现行的在职应参保人数的计算过程中在职参保人数和企业就业人数以 1∶1 的比例分配是否是最优分配比例呢？

无论是考量上解比例是否最优，还是考量在职应参保人数的计算方式是否最优，都需要有明确的目标效应导向。中央调剂制度的实施是为了解决地区间养老保险制度发展不均衡的问题以及以盈余较多省份的养老保险基金来缓解部分省份已经或即将出现的支付缺口，其本质是一种再分配制度。如果分别设置不同的上解比例和不同的在职应参保人数计算方式进行对比，得出当上解比例和在职参保人数与企业就业人数的比例发生变化时，中央调剂制度的增量效应和存量效应上的变化趋势，就可以为下一步中央调剂制度上解方案的调整提供依据。

为实现这一目标，本章的具体做法为：第一，假设中央调剂制度从 2013 年开始实施至 2017 年，根据《关于建立企业职工基本养老保险基金中央调剂制度的通知》相关规定，在获取相关数据的基础上，可得现行中央调剂方案下 31 个省（区、市）的上解额、下拨额、净上解额、上解额/拨付额、实际调剂比例和调剂前后的当期结余。基于调剂前后各地区的当期结余数据，可对中央调剂制度在缩小地区差异和缓解支付缺口上所起的作用进行评估。

第二，设置对照上解比例分别为 3%、4%、4.5%、5%、5.5%、6%、6.5%、7%、7.5% 和 8%，并依次记作上解方案一（1）至上解方案一（10），分别评估每种上解方案下的中央调剂制度增量效应与存量效应，与现行上解比例下中央调剂制度的相应效应进行对比，可得出上解比例的调整给中央调剂制度效应带来的具体影响以及是否存在最优上解比例等问题的相关结论。

第三，设置在职参保人数和企业就业人数在计算在职应参保人数时候的对照比例分别为 0∶1、1∶3、3∶1 和 1∶0，并依次记作上解方案二（1）至上解方案二（4），分别评估每种上解方案下的中央调剂制度增量效应与存量效应，与现行在职参保人数和企业就业人数的比例下中央调剂制度的相应效应进行对比，可得出在职应参保人数的计算方式的调整给中央调剂制度效应带来的具体影响以及是否存在计算在职应参保人数的最优比例等问题的相关结论。

5.1 上解比例调整对中央调剂制度增量效应的影响

5.1.1 省级层面上解比例调整对中央调剂制度增量效应的影响

中央调剂制度省级增量效应可用 2013—2017 年各省份上解额、下拨额和净上解额等指标衡量，为方便说明，本书选取五个典型代表省份——吉林省、广东省、浙江省、湖北省和甘肃省进行说明。选择这五个省份的原因是：吉林省可作为城镇职工基本养老保险基金缺口最为严重的东北地区的代表省份，广东省可作为基金结余最多的代表省份，浙江省、湖北省和甘肃省可分别作为东部经济较发达地区、中部经济次发达地区和西部经济欠发达地区的代表省份。

通过测算可得出以下结论：第一，上解比例的提高会扩大各地上解规模和下拨规模，但各个省份的扩大速度各异。图5-1和图5-2分别为2013年随着上解比例从3%增加到8%，五个典型代表省份的上解额和下拨额的变化情况。从图中可以看出，随着上解比例的提高，广东省的上解规模扩大速度最快，浙江省和湖北省次之，其次是吉林省，甘肃省的上解规模扩大速度最慢。下拨规模具有相似规律。2014—2017年，典型代表省份的上解额和下拨额均呈现出相似趋势。

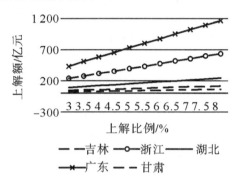

图5-1　2013年不同上解比例下各省份上解规模

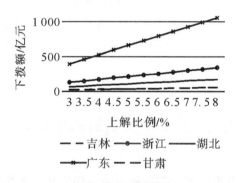

图5-2　2013年不同上解比例下各省份下拨规模

第二，不论上解比例为多少，同一省份2013年的上解规模和下拨规模均小于2017年的上解规模和下拨规模。随着上解比例的提高，同一省份2017年的上解规模和下拨规模与2013年的上解规模和下拨规模的差值均越来越大，尽管不同省份的扩大速度并不相同。这意味着若在一定时间段内维持上解比例不变，则各省份的上解规模和下拨规模仍将呈现扩大趋势；若提高上解比例，则各省份的上解规模和下拨规模随时间推移而扩大的速度将会越来越快。具体见图5-3、图5-4。

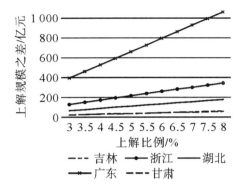

图 5-3　不同上解比例下各省份 2017 年和 2013 年上解规模之差

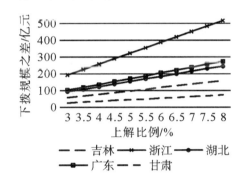

图 5-4　不同上解比例下各省份 2017 年和 2013 年下拨规模之差

第三，上解比例的提高能够增加各省份净上解规模的绝对值，这意味着上解规模扩大能够增强再分配效应。具体见图 5-5、图 5-6。

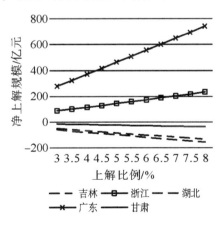

图 5-5　2013 年不同上解比例下各省份净上解规模

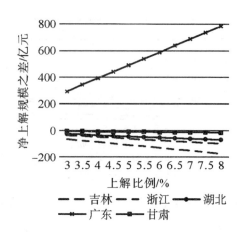

图 5-6　不同上解比例下各省份 2017 年和 2013 年净上解规模之差

5.1.2　全国层面上解比例调整对中央调剂制度增量效应的影响

上解比例调整对中央调剂制度全国增量效应的影响可从全国调剂总额、人均拨付额、净流出总额和调剂比例四个方面加以说明，见表 5-1、表 5-2、表 5-3。

表 5-1　2013—2017 年不同上解比例下全国调剂总额

单位：亿元

上解比例	2013 年	2014 年	2015 年	2016 年	2017 年
3%	3 061	3 552	4 003	4 532	5 102
3.5%	3 571	4 144	4 671	5 287	5 952
4%	4 082	4 737	5 338	6 042	6 802
4.5%	4 592	5 329	6 005	6 797	7 653
5%	5 102	5 921	6 672	7 553	8 503
5.5%	5 612	6 513	7 340	8 308	9 353
6%	6 122	7 105	8 007	9 063	10 204
6.5%	6 632	7 697	8 674	9 818	11 054
7%	7 143	8 289	9 341	10 574	11 904
7.5%	7 653	8 881	10 009	11 329	12 754
8%	8 163	9 473	10 676	12 084	13 605

从表 5-1 可以看出，随着上解比例的提高，2013—2017 年的中央调剂制度全国调剂总额呈现增加趋势。在同一上解比例下，随着时间的推移，中央调剂制度的全国调剂总额也呈现增加趋势。出现这种现象的原因是随着时间的推移，地区间的参保人数增长与经济发展水平提高导致各省份的上解总额增加，从而扩大全国调剂基金总规模。

表 5-2　2013—2017 年不同上解比例下人均拨付额

单位：元

上解比例	2013 年	2014 年	2015 年	2016 年	2017 年
3%	3 810	4 137	4 383	4 489	4 630
3.5%	4 445	4 827	5 113	5 237	5 402
4%	5 080	5 516	5 844	5 985	6 174
4.5%	5 715	6 206	6 574	6 733	6 946
5%	6 350	6 895	7 305	7 481	7 717
5.5%	6 985	7 585	8 035	8 229	8 489
6%	7 620	8 274	8 766	8 977	9 261
6.5%	8 255	8 964	9 496	9 725	10 033
7.%	8 890	9 653	10 226	10 473	10 804
7.5%	9 525	10 343	10 957	11 221	11 576
8%	10 160	11 032	11 687	11 970	12 348

从表 5-2 可以看出，随着上解比例的提高，2013—2017 年的中央调剂制度人均拨付额呈现增加趋势。在同一上解比例下，随着时间的推移，中央调剂制度的人均拨付额也呈现增加趋势。出现这种现象的原因是随着时间的推移，地区间的参保人数增长与经济发展水平提高导致各省份的上解总额增加，从而扩大全国调剂基金总规模。同时，全国调剂基金总规模的扩大速度超过了全国离退休人数的增长速度。

表 5-3　2013—2017 年不同上解比例下净流出总额

单位：亿元

上解比例	2013 年	2014 年	2015 年	2016 年	2017 年
3%	668	786	878	994	1 123

表5-3(续)

上解比例	2013 年	2014 年	2015 年	2016 年	2017 年
3.5%	779	917	1 024	1 160	1 310
4%	890	1 048	1 171	1 326	1 497
4.5%	1 001	1 179	1 317	1 491	1 684
5%	1 113	1 310	1 463	1 657	1 872
5.5%	1 224	1 441	1 610	1 823	2 059
6%	1 335	1 572	1 756	1 988	2 246
6.5%	1 447	1 703	1 902	2 154	2 433
7%	1 558	1 834	2 049	2 320	2 620
7.5%	1 669	1 965	2 195	2 485	2 807
8%	1 780	2 096	2 341	2 651	2 995
调剂比例	22%	22%	22%	22%	22%

从表5-3可以看出,随着上解比例的提高,2013—2017年的中央调剂制度净流出总额呈现增加趋势。在同一上解比例下,随着时间的推移,中央调剂制度的净流出总额也呈现增加趋势。通过全国调剂比例可以看出,全国范围内的中央调剂制度调剂程度,与中央调剂制度的上解比例无关,因此,中央调剂制度净流出总额的增加是由于全国范围内调剂总额的增加。

5.2 上解比例调整对中央调剂制度存量效应的影响

5.2.1 上解比例调整在缩小地区差异上的作用变化

将2013—2017年不同上解比例下各省份的总当期结余标准差和人均当期结余标准差绘制成曲线(见图5-7和图5-8),可以发现:若以各省份总当期结余方差最小为基本目标,则5.5%~6%为最优上解比例;若以各省份人均当期结余方差最小为基本目标,则各年份之间并没有明显规律。

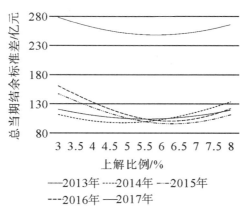

图 5-7　2013—2017 年不同上解比例下各省份总当期结余标准差

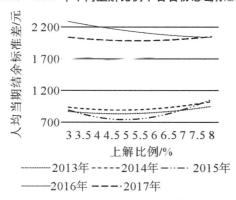

图 5-8　2013—2017 年不同上解比例下各省份人均当期结余标准差

5.2.2　上解比例调整在缓解支付缺口上的作用变化

不同上解比例对缓解支付缺口效果的影响分析可从出现当期赤字的省份个数、出现当期赤字的具体省份、赤字省份的赤字总规模、盈余省份的盈余总规模和全国缺口五个角度进行说明，见表 5-4、表 5-5、表 5-6。

表 5-4　2013—2017 年不同上解比例下出现当期赤字的省份个数

单位：个

上解比例	2013年	2014年	2015年	2016年	2017年	年均个数	上解比例	2013年	2014年	2015年	2016年	2017年	年均个数
0	1	2	6	7	6	4.4	5.5%	1	1	2	3	2	1.8
3%	0	0	3	3	4	2	6%	1	1	3	3	2	2
3.5%	0	0	2	3	4	1.8	6.5%	1	2	3	3	2	2.2
4%	0	1	3	4	5	2.6	7%	1	2	3	4	2	2.4
4.5%	0	1	2	3	5	2.2	7.5%	1	2	4	3	2	2.4
5%	1	1	2	3	4	2.2	8%	1	2	4	3	2	2.4

从表5-4可以看出，将以3%的上解比例实施中央调剂制度与不实施中央调剂制度相比，2013—2017年出现当期赤字的省份个数均有所减少；将以3.5%的上解比例实施中央调剂制度与以3%的上解比例实施中央调剂制度相比，2015年出现当期赤字的省份个数继续减少，其他年份则并无变化。若继续提高上解比例至4%，则2014—2017年出现当期赤字的省份个数反而有所增加。

为方便说明问题，计算2013—2017年这五年间的年均赤字省份个数。通过表5-4可以看出，不实施中央调剂制度时，五年间年均赤字省份个数最高；当上解比例为3.5%和5.5%时，五年间年均赤字省份个数达到最低值——1.8个；当上解比例为4%时，五年间年均赤字省份个数达到局部峰值——2.6个；当上解比例提高到7%及以上时，年均赤字省份个数将稳定在2.4个左右。以上结论意味着，中央调剂制度从无到有，能够显著减少出现当期赤字的省份个数，而上解比例的持续提高对于减少当期赤字省份个数的效果并不明显，最终当期赤字省份个数将保持稳定。

表5-5列出了不同上解比例下出现当期赤字的具体省份。为方便说明，可以将上解比例的增加分为四个阶段。

第一阶段是上解比例分别为0、3%和3.5%。当不实施中央调剂制度时，黑龙江省于2013年首先出现当期赤字，此后，宁夏回族自治区（2014年）、河北省（2015年）、辽宁省（2015年）、吉林省（2015年）、陕西省（2015年）、青海省（2015年）、内蒙古自治区（2016年）、湖北省（2016年）和山东省（2017年）先后出现当期赤字。当上解比例为3%时，2013—2017年，宁夏回族自治区、吉林省、陕西省、内蒙古自治区和湖北省不再出现当期赤字。当上解比例从3%提高至3.5%时，2013—2017年，河北省也不再出现当期赤字。

第二阶段是上解比例为4%~4.5%。当上解比例从3.5%提高至4%时，首先出现当期赤字的省份由黑龙江省变成福建省（2014年），此后随着时间的推移，依次出现当期赤字的省份是黑龙江省（2015年）、青海省（2015年）、辽宁省（2016年）和山东省（2017年）。当上解比例从4%提高到4.5%时，2013—2017年，出现当期赤字的具体省份并不发生变化，只是黑龙江省和辽宁省出现当期赤字的时间点往后推移。

第三阶段是上解比例为5%~5.5%。当上解比例从4.5%提高到5%时，首先出现当期赤字的省份仍旧是福建省，且出现时间点提前一年至2013年，此后随着时间的推移，依次出现当期赤字的省份是青海省（2015年）、黑龙江省（2016年）和山东省（2017年）。当上解比例从5%提高至5.5%

时，2013—2017 年，出现当期赤字的具体省份并不发生变化，但 2017 年出现当期赤字的省份个数有所减少。

第四阶段是上解比例为 6%～8%。该阶段随着上解比例的提高，2013—2017 年，每年出现当期赤字的省份个数以及具体省份已经不再发生变化。2013 年和 2014 年，福建省出现当期赤字，2015 年，福建省、西藏自治区和青海省出现当期赤字，2016 年，黑龙江省、福建省和青海省出现当期赤字，2017 年，福建省和山东省出现当期赤字。

表 5-5 2013—2017 年不同上解比例下出现当期赤字的省份

上解比例	2013 年	2014 年	2015 年	2016 年	2017 年
0	黑龙江	黑龙江、宁夏	河北、辽宁、吉林、黑龙江、陕西、青海	河北、内蒙古、辽宁、吉林、黑龙江、湖北、青海	辽宁、吉林、黑龙江、山东、湖北、青海
3%	—	—	河北、黑龙江、青海	辽宁、黑龙江、青海	辽宁、黑龙江、山东、青海
3.5%	—	—	黑龙江、青海	辽宁、黑龙江、青海	辽宁、黑龙江、山东、青海
4%	—	福建	黑龙江、福建、青海	辽宁、黑龙江、福建、青海	辽宁、黑龙江、福建、山东、青海
4.5%	—	福建	福建、青海	黑龙江、福建、青海	辽宁、黑龙江、福建、山东、青海
5%	福建	福建	福建、青海	黑龙江、福建、青海	黑龙江、福建、山东、青海
5.5%	福建	福建	福建、青海	黑龙江、福建、青海	福建、山东
6%	福建	福建	福建、西藏、青海	黑龙江、福建、青海	福建、山东
6.5%	福建	福建	福建、西藏、青海	黑龙江、福建、青海	福建、山东
7%	福建	福建	福建、西藏、青海	黑龙江、福建、青海	福建、山东
7.5%	福建	福建	福建、西藏、青海	黑龙江、福建、青海	福建、山东
8%	福建	福建	福建、西藏、青海	黑龙江、福建、青海	福建、山东

通过以上分析可以看出，从全国层面来讲，上解比例的提高如果能够减少出现当期赤字的省份个数，即优于原状；但若具体到各个省份，上解比例的调整很可能改变不同省份之间的相对损益情况，即原本可以较晚出现当期赤字的省份可能因为中央调剂制度的变化而提前出现当期赤字，相反，原本会较早出现当期赤字的省份也可能因为中央调剂制度的变化而较晚显现。由此引发一个问题：中央调剂制度的实施若使得首先出现当期赤字的省份发生变化，那么这种变化是否公平仍有待进一步验证。

从出现当期赤字省份的赤字总规模（见表5-6）来看，当上解比例不超过6%时，出现当期赤字省份的赤字总规模随着时间的推移而不断扩大，但当上解比例超过6%时，出现当期赤字省份的赤字总规模随时间推移的变化趋势不再明显。

表5-6 2013—2017年不同上解比例下的当期赤字或盈余总规模

上解比例	当期赤字省份赤字总规模/亿元						当期盈余省份盈余总规模/亿元					
	2013年	2014年	2015年	2016年	2017年	年均	2013年	2014年	2015年	2016年	2017年	年均
0	-40	-107	-425	-726	-788	-418	4 248	3 660	3 952	3 927	6 030	4 363
3%	0	0	-68	-265	-357	-138	4 208	3 553	3 595	3 466	5 599	4 084
3.5%	0	0	-36	-211	-298	-109	4 208	3 553	3 563	3 411	5 539	4 055
4%	0	-2	-16	-157	-241	-83	4 208	3 555	3 543	3 357	5 482	4 029
4.5%	0	-11	-19	-128	-196	-71	4 208	3 564	3 545	3 329	5 438	4 017
5%	-8	-21	-30	-116	-161	-67	4 215	3 574	3 556	3 317	5 403	4 013
5.5%	-16	-30	-40	-104	-153	-69	4 223	3 583	3 567	3 305	5 395	4 015
6%	-24	-40	-51	-92	-172	-76	4 231	3 593	3 578	3 293	5 413	4 022
6.5%	-32	-72	-63	-80	-190	-88	4 239	3 625	3 589	3 281	5 432	4 033
7%	-40	-143	-74	-143	-209	-122	4 248	3 696	3 601	3 344	5 450	4 068
7.5%	-48	-213	-86	-259	-227	-167	4 256	3 766	3 613	3 459	5 469	4 113
8%	-56	-284	-170	-375	-246	-226	4 264	3 837	3 697	3 576	5 487	4 172

为方便说明问题，计算2013—2017年这五年间赤字省份的年均赤字规模。通过年均赤字规模可以看出，不实施中央调剂制度时，五年间年均赤字规模最大，达418亿元；当以上解比例3%实施中央调剂制度时，五年间年均赤字规模迅速缩小至138亿元，此后随着上解比例的提高，五年间年均赤字规模继续缩小，直至上解比例为5%时，五年间年均赤字规模最小，仅为67亿元；之后随着上解比例的继续提高，年均赤字规模呈现扩大

趋势，当上解比例提高至8%时，年均赤字规模扩大到226亿元。以上结论意味着，若以全国赤字省份赤字规模最小为中央调剂制度的政策目标，则5%或5.5%为最优上解比例。

考虑到中央调剂制度的本质是养老保险基金在不同省份之间的流动，故在没有财政补贴等外部支持的条件下，当期缺口省份总缺口的减少即意味着盈余省份的盈余总规模的缩小。因此，盈余省份的盈余总规模可从另一个侧面反映与缺口省份缺口总规模同样的问题，并得出相似的结论。其一，中央调剂制度通过养老保险基金的省际再分配使得当期基金盈余省份补贴当期基金缺口省份，从而使得全国范围内的盈余省份的年均盈余规模缩小；其二，在中央调剂制度的上解比例从3%提高至8%的过程中，盈余省份的年均盈余规模呈现先缩小后扩大的趋势，当上解比例为5%或5.5%时，年均盈余规模最小，分别为4 013亿元和4 015亿元。

5.3 在职应参保人数调整对中央调剂制度增量效应的影响

在职应参保人数对中央调剂制度效应的影响主要通过在职参保人数和企业就业人数在计算在职应参保人数的过程中所占的比重来衡量。理论上讲，某地在职参保人数与企业就业人数之间的差别能够反映当地企业职工基本养老保险制度的覆盖面。对于覆盖面越低的地区而言，其在职参保人数与企业就业人数差别越大，实际上解规模将远远超出制度内应上解规模，中央调剂制度给该地区带来的扩面激励越大。随着在职应参保人数的计算公式中，在职参保人数所占的比例越来越小，企业就业人数所占的比例越来越大，中央调剂制度给低覆盖面地区带来的扩面激励作用越来越大。然而，中央调剂制度的设计和实施并非为了激励各地区进行基本养老保险制度的扩面，其最主要的目标是为了解决地区间养老负担畸轻畸重、养老保险基金结余差异巨大的问题。因此，随着在职参保人数和企业就业人数在计算在职应参保人数的过程中所占的比例的变化，其会对中央调剂制度在缩小地区差异和缓解支付缺口上产生什么样的影响呢？为了对此问题进行研究，本章设置了四种方案。

5.3.1 省级层面在职应参保人数调整对中央调剂制度增量效应的影响

表5-7为2017年在职参保人数和企业就业人数占比发生变化时各省份净上解额的变化情况。随着企业就业人数在在职应参保人数的计算过程中的占比逐渐下降，可以把全国31个省（区、市）分成七类：一类是净上解额为正且净上解额越来越大的地区，如北京市；一类是净上解额为正且净上解额越来越小的地区，如上海市、江苏省、浙江省、福建省、广东省；一类是净上解额为负且净上解额的绝对值越来越大的地区，如内蒙古自治区、江西省、湖北省、广西壮族自治区、海南省、甘肃省；一类是净上解额为负且净上解额的绝对值越来越小的地区，如河北省、山西省、辽宁省、吉林省、黑龙江省、湖南省、四川省、陕西省、宁夏回族自治区；一类是净上解额由正变为负的地区，如安徽省、河南省、重庆市、云南省、西藏自治区、新疆维吾尔自治区；一类是净上解额由负变为正的地区，如天津市、山东省、贵州省；一类是未发生明显变化的地区，如青海省。

出现这种现象的原因是，随着企业就业人数的占比不断上升，对单个省份而言，其上解规模不断扩大，因此全国总上解规模不断扩大，下拨到该省份的规模随之扩大，则该省份的净上解规模随着企业就业人数的占比变大，但可能会发生多个方向的改变。

表5-7　2017年不同方案下各省份净上解额　单位：亿元

省份	0：1	1：3	1：1	3：1	1：0	省份	0：1	1：3	1：1	3：1	1：0
北京	282	284	285	287	288	湖北	-98	-98	-99	-99	-99
天津	-21	-14	-8	-1	6	湖南	-108	-99	-90	-81	-72
河北	-120	-99	-79	-59	-39	广东	685	677	668	659	650
山西	-50	-47	-43	-40	-37	广西	-34	-36	-38	-41	-43
内蒙古	-53	-55	-57	-58	-60	海南	-4	-4	-4	-4	-5
辽宁	-306	-277	-247	-218	-188	重庆	5	-13	-30	-48	-65
吉林	-107	-104	-101	-97	-94	四川	-289	-250	-210	-170	-130
黑龙江	-217	-202	-188	-173	-158	贵州	-9	-3	2	8	13
上海	67	64	62	59	57	云南	14	8	1	-5	-12
江苏	243	190	136	83	29	西藏	4	2	1	0	-1
浙江	49	37	26	15	3	陕西	-10	-9	-8	-7	-6

表5-7(续)

省份	0:1	1:3	1:1	3:1	1:0	省份	0:1	1:3	1:1	3:1	1:0
安徽	21	5	-10	-26	-42	甘肃	-22	-22	-23	-23	-24
福建	153	130	106	82	59	青海	-5	-5	-5	-5	-5
江西	-42	-42	-42	-43	-43	宁夏	-10	-9	-8	-7	-6
山东	-27	-2	23	48	73	新疆	4	-4	-12	-21	-29
河南	4	-2	-8	-14	-20	全国	0	0	0	0	0

注:表中的比例0:1、1:3、1:1、3:1、1:0表示在职参保人数和企业就业人数在计算在职应参保人数时的比例。0:1表示在职应参保人数等于企业就业人数,1:3表示在职应参保人数等于1/4在职参保人数和3/4企业就业人数之和,1:1表示在职应参保人数等于1/2在职参保人数和1/2企业就业人数之和,3:1表示在职应参保人数等于3/4在职参保人数和1/4企业就业人数之和,1:0表示在职应参保人数等于在职参保人数。下表中出现的比例含义与此相同。

5.3.2 全国层面在职应参保人数调整对中央调剂制度增量效应的影响

全国增量效应可从全国调剂总额、人均拨付额、净流出总额和调剂比例四个指标加以说明,见表5-8、表5-9。

表5-8 2013—2017年不同方案下全国调剂总额 单位:亿元

不同方案	2013年	2014年	2015年	2016年	2017年
0:1	3 792(20.5)	4 470(20.6)	5 122(20.7)	5 773(21.8)	6 502(21.9)
1:3	3 682(21.0)	4 307(21.3)	4 896(21.1)	5 530(21.9)	6 227(22.0)
1:1	3 571(21.8)	4 144(22.1)	4 671(21.9)	5 287(22.2)	5 952(22.3)
3:1	3 461(22.9)	3 982(23.4)	4 445(23.0)	5 044(22.2)	5 677(22.4)
1:0	3 351(24.2)	3 819(24.8)	4 219(24.2)	4 800(22.9)	5 402(23.6)

注:括号内为调剂比例,其计算方式为调剂比例=净流出总额/全国调剂总额。

从表5-8可以看出,以在职参保人数和企业就业人数的均值计算在职应参保人数时,2013—2017年全国调剂总规模不断扩大,随着企业就业人数在在职应参保人数的计算过程中的占比逐渐下降,全国调剂总规模不断缩小,随着企业就业人数在在职应参保人数的计算过程中的占比逐渐上升,全国调剂总规模不断扩大。这意味着中央调剂制度在期望通过在职应参保人数的计算方式激励低覆盖面地区扩面的同时,能够在同等条件下增加中央调剂制度的调剂力度。从调剂比例的变化趋势中,也能对此结论进行验证。同时，在全国离退休人数不发生改变的前提条件下，人均拨付额与全国调剂总额之间具有正相关性，因此，随着在职应参保人数的计算比例发生变化，人均拨付额呈现出与全国调剂规模相似的变化趋势（见表5-9）。

表 5-9　2013—2017 年不同方案下人均拨付额　　　　单位：元

不同方案	2013 年	2014 年	2015 年	2016 年	2017 年
0∶1	4 720	5 206	5 607	5 718	5 901
1∶3	4 582	5 016	5 360	5 478	5 652
1∶1	4 445	4 827	5 113	5 237	5 402
3∶1	4 307	4 637	4 866	4 996	5 153
1∶0	4 170	4 447	4 619	4 755	4 903

5.4　在职应参保人数调整对中央调剂制度存量效应的影响

5.4.1　在职应参保人数调整在缩小地区差异上的作用变化

表5-10为2017年在职参保人数和企业就业人数占比发生变化时总当期结余标准差和人均当期结余标准差的变化情况。随着企业就业人数在在职应参保人数的计算过程中的占比逐渐下降，总当期结余标准差呈现出逐渐变小的趋势，而人均当期结余标准差则逐渐变大。这意味着，如果从总当期结余标准差的角度衡量，企业就业人数这一指标在在职应参保人数的计算中的引入会使得各地养老保险基金当期结余的差距拉大；如果从人均当期结余标准差的角度衡量，则结论正好相反，即企业就业人数这一指标在在职应参保人数的计算中的引入不仅能够激励低覆盖面地区扩面，而且能够缩小地区间的人均当期结余差距。

表 5-10　2013—2017 年不同方案下的结余标准差

指标	不同方案	2013 年	2014 年	2015 年	2016 年	2017 年
总当期结余标准差/亿元	0∶1	122	114	141	150	276
	1∶3	118	109	137	148	272
	1∶1	115	105	135	146	269
	3∶1	112	102	132	146	268
	1∶0	109	100	131	146	267
人均当期结余标准差/元	0∶1	742	787	778	2 014	1 948
	1∶3	792	844	827	2 130	1 980
	1∶1	853	913	831	2 250	2 018
	3∶1	924	990	963	2 374	2 061
	1∶0	1 003	1 076	1 157	2 501	2 108

5.4.2　在职应参保人数调整在缓解支付缺口上的作用变化

缓解支付缺口的存量效应分析可从出现当期赤字的省份个数、出现当期赤字的具体省份、赤字省份的赤字总规模和盈余省份的盈余总规模四个角度进行说明，见表 5-11、表 5-12、表 5-13。

表 5-11　2013—2017 年不同方案下出现当期赤字的省份个数

单位：个

不同方案	2013 年	2014 年	2015 年	2016 年	2017 年	年均个数
0∶1	1	1	4	3	5	2.8
1∶3	0	1	3	4	5	2.6
1∶1	0	0	2	3	4	1.8
3∶1	0	0	3	3	4	2
1∶0	0	0	3	5	4	2.4

从表 5-11 可以看出，以现行中央调剂制度设计中，将在职参保人数和企业就业人数的均值作为在职应参保人数时，2013—2017 年出现当期赤字的省份个数分别为 0 个、0 个、2 个、3 个、4 个；不论提高在职应参保人数的计算方式中企业就业人数占比还是在职参保人数占比，2013—2017

年各年出现当期赤字的省份个数均有一定程度的增加。以上结论意味着，从出现当期赤字的省份个数的角度来衡量，现行在职参保人数与企业就业人数的分配比例能够在最大程度上缓解全国范围内的支付缺口，见表5-12。

表5-12 2013—2017年不同上解比例下出现当期赤字的省份

不同方案	2013年	2014年	2015年	2016年	2017年
0:1	福建	福建	黑龙江、福建、西藏、青海	黑龙江、福建、青海	辽宁、黑龙江、福建、山东、青海
1:3	—	福建	黑龙江、福建、青海	辽宁、黑龙江、福建、青海	辽宁、黑龙江、福建、山东、青海
1:1	—	—	黑龙江、青海	辽宁、黑龙江、青海	辽宁、黑龙江、山东、青海
3:1	—	—	河北、黑龙江、青海	辽宁、黑龙江、青海	辽宁、黑龙江、山东、青海
1:0	—	—	河北、黑龙江、青海	天津、河北、辽宁、黑龙江、青海	辽宁、黑龙江、山东、青海

从出现当期赤字省份的赤字总规模（见表5-13）来看，随着在职应参保人数的计算公式中企业就业人数占比的上升，当期赤字省份的赤字总规模和当期盈余省份的盈余总规模均不断缩小。当全部以企业就业人数计算在职应参保人数时，五年间当期赤字省份的年均赤字总规模最小，仅为82亿元，与之相对应的当期盈余省份的年均盈余总规模最小，为4 027亿元。

表5-13 2013—2017年不同上解比例下的当期赤字或盈余总规模

不同方案	当期赤字省份赤字总规模/亿元						当期盈余省份盈余总规模/亿元					
	2013年	2014年	2015年	2016年	2017年	年均	2013年	2014年	2015年	2016年	2017年	年均
0:1	-2	-16	-31	-165	-194	-82	4 210	3 569	3 557	3 365	5 435	4 027
1:3	0	-4	-29	-181	-239	-91	4 208	3 557	3 555	3 381	5 481	4 036
1:1	0	0	-36	-211	-298	-109	4 208	3 553	3 563	3 411	5 539	4 055
3:1	0	0	-63	-248	-367	-136	4 208	3 553	3 590	3 449	5 609	4 082
1:0	0	0	-91	-299	-436	-165	4 208	3 553	3 618	3 499	5 678	4 111

本章主要从上解比例的调整和在职应参保人数的计算两方面出发，探讨上解方案的调整对中央调剂制度的综合效应的影响。结果发现：①上解比例的提高会扩大各地上解规模和下拨规模，但各个省份的扩大速度各异。上解比例的提高能够扩大各省份净上解规模的绝对值，这意味着上解规模扩大能够增强再分配效应。随着上解比例的提高，全国调剂总额、人均拨付额和净流出总额均呈现增加趋势。如果以总当期结余方差最小为基本目标，5.5%~6%或为最优上解比例。中央调剂制度从无到有，能够显著减少出现当期赤字的省份个数，而上解比例的持续提高对于减少当期赤字省份个数的效果并不明显，最终当期赤字省份个数将保持稳定。若以全国赤字省份赤字规模最小为中央调剂制度的政策目标，则5%~5.5%或为最优上解比例。②在现行中央调剂制度中，以在职参保人数和企业就业人数的均值计算在职应参保人数。其能够激励较低覆盖面的地区扩大覆盖面，同时，能够在同等条件下增加中央调剂制度的调剂力度。从缩小地区差异的角度来考量在职参保人数和企业就业人数的比例变化对中央调剂制度效应的影响，若以缩小总结余标准差作为政策目标，则应当降低企业就业人数占比，若以缩小人均结余标准差作为政策目标，则应当提升企业就业人数占比。从缓解支付缺口的角度来考量在职参保人数和企业就业人数的比例变化对中央调剂制度效应的影响，则现行在职参保人数与企业就业人数的分配比例能够使得全国范围内出现当期支付缺口的省份最少，但此时，当期赤字省份的赤字总规模并非最小。以企业就业人数作为上解基数时，当期赤字省份的赤字总规模最小。以上结论意味着，中央调剂制度的上解方案调整将会牵一发而动全身，因此，无论是提高上解比例，还是改变在职应参保人数的计算方式，都需要尽可能多地考虑政策目标，以小步慢走的方式谨慎调整。

6 下拨方案调整对中央调剂制度效应的影响分析

除了上解方案以外，下拨方案也是中央调剂方案的重要组成部分，下拨方案的核心是全国人均拨付额。全国人均拨付额的调整可以通过改变下拨方式和下拨总额占上解总额的比例实现。在现行的中央调剂制度中，下拨方案的设定为各省份按照一定比例上解中央调剂基金，然后按照各省份离退休人数占全国离退休人数的比例进行中央调剂基金的全部下拨。

这种方案可从以下三个方面考量：第一，部分下拨的调剂基金原本就源于该省份，因此，实际上能够真正用于调剂的部分较少；第二，调剂原则不够清楚，上解与下拨的方式、规模存在事实上的"一刀切"现象，容易引发逆向调剂和道德风险问题；第三，下拨方式的改革方向可考虑以各省份制度内赡养率占比下拨、以离退休人数占比下拨和以各省份实际支出占比下拨，为方便下文说明，将这三种下拨方式分别记为下拨方式 1、下拨方式 2 和下拨方式 3。

在现有研究中，考虑下拨方式改革的学者有薛惠元和张寅凯（2018），他们以弥补地方当期基金缺口为目标测算了中央调剂制度的最佳上解比例，认为 2018—2035 年城镇职工基本养老金的调剂比例以 0.8% 起步即可，0.8% 的调剂比例远远低于现行制度规定的 3.5%。该研究结果是否能表明以弥补地方当期基金缺口为目标的下拨方式具有可行性呢？其他两种下拨方式又存在多大的可能性呢？

为解决上述问题，本章先以三种下拨方式下的中央调剂制度中各省份净上解规模与全国统筹目标状态下净上解规模的差的平方和最小为检验指标，进行初步检验。这项初步检验的关键之处在于假定全国统筹的目标状态为养老保险基金的资金面在全国，各省份不存在当期结余，各省份当期养老保险基金收支之差可被视作全国统筹目标状态下的净上解规模，将该净上解规模与不同下拨方式下各省份的净上解规模作对比,两者差的平方和越小,则证明该方案对应的下拨方式与全国统筹的目标越接近。

考虑到现行养老保险计发办法中的上一年当地社会平均工资为与地方挂钩的计发参数,难以与较高的统筹层次相适应,因此为确定全国统筹目标状态下各地的养老保险基金支出规模,必须统一各地养老保险计发办法,尤其是其中与省级统筹相适应的当地社会平均工资。为检验方便,本章选择两种计发方案,一种是采取全国均一的计发办法,统一计发基数标准为上一年全国社会平均工资,剥离其与个人缴费工资的关系,计发比例保持不变,将其记为计发方案1;一种是直接以上一年全国社会平均工资替代现行省级统筹计发办法中的上一年省社会平均工资,计发比例保持不变,将其记为计发方案2。

其具体的计算方法为:代入《中国统计年鉴2019》的相关数据,可以分别得到两种计发方案下各省份养老保险统筹账户基金收入与支出的相关数据,将各省份的基金收入减去基金支出视作当年全国统筹目标状态下该省份的净上解额;以三种不同的下拨方式计算各省基本养老保险基金在中央调剂制度作用下的净上解规模;分别用三种不同下拨方式下的各省份基本养老保险基金净上解额与以两种不同计发方案统筹下的各省份基本养老保险基金净上解额作差,并求其平方和。

结果表明(见表6-1),不论与哪种计发方案下的全国统筹目标状态相比,三种下拨方式的各省份净上解规模之差的平方和的大小关系均为:以赡养率占比下拨小于以离退休人数占比下拨小于以实际支出占比下拨。此外,以实际支出占比下拨的方式可能引发地方提高养老金待遇水平的动因,从而导致道德风险,这不仅不利于养老保险制度公平性的实现,还会影响养老保险制度的可持续性。因此,以实际支出占比下拨的方式不能作为中央调剂制度的合理下拨方式,而以赡养率占比下拨或以离退休人数占比下拨的方式的选择则需从其对中央调剂制度的效应产生的影响的角度进行进一步检验。

表6-1 三种下拨方式优劣的初步比较

全国统筹类型	计发方案1			计发方案2		
下拨方式	1	2	3	1	2	3
净上解规模之差的平方和/亿元	3 253 241	3 400 008	4 167 579	2 592 493	2 850 600	3 347 069

除了下拨方式以外，下拨总额占上解总额的比例也是中央调剂制度的重要参数。如果上解总额与下拨总额相等，即下拨总额占上解总额的比例为100%，则全国人均拨付额由下拨方式决定；如果上解总额与下拨总额不相等，即下拨总额占上解总额的比例小于100%，则全国人均拨付额由下拨方式和下拨总额占上解总额的比例共同决定。目前将上解基金全部下拨的做法是否是实现中央调剂制度目标的最优做法？如果不是，是否存在最优的下拨总额占上解总额的比例以及最优的人均拨付额计算方法，可以使得在各省份支付风险得以缓解的同时还能缩小省际结余差距？人均拨付额的变化与省际结余差距以及不同省份的基金可持续性之间有着怎样的关系呢？

为实现上述目标，本章分别设置两种下拨方式和三种下拨总额占上解总额的比例，下拨方式分别为按照离退休人数占比下拨和按照赡养率占比下拨，三种下拨总额占上解总额的比例分别为80%、90%和100%，由此形成六种组合方案：按照离退休人数占比下拨+80%下拨、按照离退休人数占比下拨+90%下拨、按照离退休人数占比下拨+100%下拨、按照赡养率占比下拨+80%下拨、按照赡养率占比下拨+90%下拨和按照赡养率占比下拨+100%下拨。其中，按照离退休人数占比下拨+100%下拨为现行下拨方案，其余分别记为下拨方案（1）至下拨方案（5）。通过对这六种组合方案下中央调剂制度的效应进行评估，并将其与现行中央调剂方案产生的效应进行对比，可得出关于全国人均拨付额的调整给中央调剂制度效应究竟带来何种影响的相关结论。

6.1 省级层面下拨方案调整对中央调剂制度增量效应的影响

省级增量效应同样由各省份上解额、下拨额和净上解额等指标衡量。为了方便说明，同样选取五个典型代表省份——吉林省、广东省、浙江省、湖北省和甘肃省①。显然，全国人均拨付额调整并不影响各省份上解额。

---

① 选取这五个省份的原因同上节，此处不再赘述。

6.1.1 下拨方案调整对各省份下拨规模的影响

表6-2体现了全国人均拨付额发生变化时各省份下拨规模的变化情况。通过表6-2可以看出：其一，无论是以离退休人数占比下拨还是以赡养率占比下拨，随着下拨总额占上解总额的比例提高，代表性省份的下拨规模均呈扩大趋势。

其二，不同省份的下拨规模扩大速度有所不同，若以离退休人数占比下拨时，当下拨总额占上解总额比例提高1%，代表性省份下拨规模的变动幅度从大到小依次为浙江省、广东省、湖北省、吉林省和甘肃省；若以赡养率占比下拨时，当下拨总额占上解总额的比例提高1%，代表性省份下拨规模的变动幅度从大到小依次为吉林省、湖北省、甘肃省、浙江省和广东省。这意味着，若以离退休人数占比下拨，则经济较为发达地区的下拨规模对下拨总额占上解总额比例的弹性较大；若以赡养率占比下拨，则经济欠发达、养老基金结余较少地区的下拨规模对下拨总额占上解总额比例的弹性较大。

其三，若维持同样的下拨总额占上解总额的比例，将下拨方式由按照离退休人数占比下拨改为按照赡养率占比下拨，则不同省份的下拨规模呈现不同变化。其中，吉林省和甘肃省的下拨规模扩大，浙江省和广东省的下拨规模缩小，湖北省的下拨规模变化相对较小。这意味着，各省份离退休人数占比与赡养率占比的相对位置很可能并不一致，须审慎考量究竟何种方式更有助于实现养老保险制度的公平性目标。

表6-2　2017年不同模拟方案下各省份的下拨规模

单位：亿元

下拨方案	(1)	(2)	现行	下拨总额占上解总额的比例每提高1%，下拨规模的变动幅度	(3)	(4)	(5)	下拨总额占上解总额的比例每提高1%，下拨规模的变动幅度
下拨方式	按照离退休人数占比下拨	按照离退休人数占比下拨	按照离退休人数占比下拨		按照赡养率占比下拨	按照赡养率占比下拨	按照赡养率占比下拨	
下拨总额占上解总额的比例	80%	90%	100%		80%	90%	100%	
吉林	144	162	179	1.79	245	275	306	3.06

表6-2(续)

下拨方案	(1)	(2)	现行	下拨总额占上解总额的比例每提高1%,下拨规模的变动幅度	(3)	(4)	(5)	下拨总额占上解总额的比例每提高1%,下拨规模的变动幅度
下拨方式	按照离退休人数占比下拨	按照离退休人数占比下拨	按照离退休人数占比下拨		按照赡养率占比下拨	按照赡养率占比下拨	按照赡养率占比下拨	
下拨总额占上解总额的比例	80%	90%	100%		80%	90%	100%	
浙江	323	363	404	4.04	135	152	169	1.69
湖北	227	256	284	2.84	183	206	229	2.29
广东	246	277	307	3.07	43	48	54	0.54
甘肃	61	69	76	0.76	174	196	218	2.18

表6-3显示2017年和2013年不同模拟方案下各省份的下拨规模之差。通过表6-3可以看出:其一,表中不论何种方案,各省份两个年份的下拨规模之差均为正值。这意味着,不论中央调剂制度以何种方式实施,只要确定某种方案持续实施,在一定年限以后,各省份的下拨规模均将呈现扩大趋势,尽管不同省份的扩大速度有所不同。从代表性省份的情况来看,若以离退休人数占比下拨,则各省份随时间推移下拨规模的扩大速度从快到慢依次为浙江省、广东省、湖北省、吉林省和甘肃省;若以赡养率占比下拨,则各省份随时间推移下拨规模的扩大速度从快到慢依次为吉林省、浙江省、湖北省、甘肃省和广东省。

其二,不论是以离退休人数占比下拨,还是以赡养率占比下拨,当下拨总额占上解总额的比例每提高1%,各省份2017年和2013年的下拨规模之差的变动幅度也均为正值。这意味着若下拨方式不变,提高下拨总额占上解总额的比例,则各省份下拨规模的扩大速度将随着时间推移而加快。

表 6-3 2017 年和 2013 年不同模拟方案下各省份的下拨规模之差

单位：亿元

下拨方案	（1）	（2）	现行	下拨总额占上解总额的比例每提高1%，2017年和2013年下拨规模之差的变动幅度	（3）	（4）	（5）	下拨总额占上解总额的比例每提高1%，2017年和2013年下拨规模之差的变动幅度
下拨方式	按照离退休人数占比下拨	按照离退休人数占比下拨	按照离退休人数占比下拨		按照赡养率占比下拨	按照赡养率占比下拨	按照赡养率占比下拨	
下拨总额占上解总额的比例	80%	90%	100%		80%	90%	100%	
吉林	55	62	69	0.69	104	117	130	1.30
浙江	181	204	227	2.27	89	100	111	1.11
湖北	87	97	108	1.08	72	81	90	0.90
广东	96	108	120	1.20	17	19	21	0.21
甘肃	26	29	32	0.32	52	59	65	0.65

6.1.2 下拨方案调整对各省份净上解规模的影响

表 6-4 为 2017 年不同模拟方案下各省份的净上解规模。通过表 6-4 可以看出：其一，无论是以离退休人数占比下拨还是以赡养率占比下拨，随着下拨总额占上解总额的比例提高，代表性省份的净上解规模均呈缩小趋势。这意味着净输入省份的净输入规模扩大，而净输出省份的净输出规模缩小。考虑到全国人均拨付额变化对各省份上解规模不产生影响，对净上解规模的影响正好与对下拨规模的影响相反，则很容易理解这种结果。这一点也体现在某一年度各省份的净上解规模变动幅度随着下拨总额占上解总额的比例提高，正好呈现与下拨规模相反的变动趋势上。

其二，不同省份净上解规模的缩小速度有所不同，若以离退休人数占比下拨时，当下拨总额占上解总额比例提高 1%，代表性省份净上解规模的变动幅度从大到小依次为浙江省、广东省、湖北省、吉林省和甘肃省；若以赡养率占比下拨时，当下拨总额占上解总额的比例提高 1%，代表性省份净上解规模的变动幅度从大到小依次为吉林省、湖北省、甘肃省、浙江省和广东省。这意味着，若以离退休人数占比下拨，则经济较为发达地区的净上解规模对下拨总额占上解总额比例的弹性较大；若以赡养率占比下拨，则经济欠发达、养老基金结余较少地区的净上解规模对下拨总额占上解总额比例的弹性较大。

其三，若维持同样的下拨总额占上解总额的比例，将下拨方式由按照离退休人数占比下拨改为按照赡养率占比下拨，则净输入省份的净输入规模扩大，净输出省份的净输出规模扩大。在五个代表性省份中，吉林省和甘肃省为净输入省份，浙江省和广东省为净输出省份，且随着下拨方式的改变，这四个省份的净输入与净输出性质并未发生变化；湖北省的情况则有所不同，当下拨总额占上解总额的比例为80%，将下拨方式由按照离退休人数占比下拨转为按照赡养率占比下拨时，湖北省由净输入省份变成净输出省份。这意味着，尽管湖北省的离退休人数较多，从离退休人数的角度考量，湖北省应当获得中央调剂基金支持，但若同时考虑到在职职工人数，则湖北省应当成为调剂基金贡献省份。

表6-4　2017年不同模拟方案下各省份的净上解规模

单位：亿元

下拨方案	（1）	（2）	现行	下拨总额占上解总额的比例每提高1%，净上解规模的变动幅度	（3）	（4）	（5）	下拨总额占上解总额的比例每提高1%，净上解规模的变动幅度
下拨方式	按照离退休人数占比下拨	按照离退休人数占比下拨	按照离退休人数占比下拨		按照赡养率占比下拨	按照赡养率占比下拨	按照赡养率占比下拨	
下拨总额占上解总额的比例	80%	90%	100%		80%	90%	100%	
吉林	−65	−83	−101	−1.79	−166	−196	−227	−3.06
浙江	107	66	26	−4.04	295	278	261	−1.69
湖北	−42	−70	−99	−2.84	2	−20	−43	−2.29
广东	729	698	668	−3.07	932	927	921	−0.54
甘肃	−7	−15	−23	−0.76	−121	−142	−164	−2.18

表6-5显示2017年和2013年不同模拟方案下各省份的净上解规模之差。比较单一方案下典型省份的净上解规模差值，可以看出若持续实施某种中央调剂方案，则随着时间推移各省份净上解规模会发生的变化。比较同一省份在不同方案下的净上解规模差值，可以看出若改变中央调剂方案

的某个参数，则随着时间推移各省份净上解规模会发生的变化。

以此思路分析表6-5中数据，可以得出如下结论：其一，若以离退休人数占比下拨，且下拨比例为80%，则广东省2017年和2013年的净上解规模之差为正，其余四省份差值为负。这意味着若持续实施该种方案，则随着时间推移，广东省的净上解规模扩大，其余四省份的净上解规模缩小。

其二，若以离退休人数下拨，随着下拨比例的提高，各省份2017年和2013年的净上解规模之差的绝对值变大。这意味着若提高下拨比例，则各省份之间净上解规模之间的差距将会越来越大。

其三，若以赡养率占比下拨，且下拨比例为80%，则吉林省和甘肃省2017年和2013年的净上解规模之差为负，浙江省和广东省的差值为正。这意味着若持续实施该种方案，则随着时间推移，浙江省和广东省的净上解规模扩大，吉林省和甘肃省的净上解规模缩小。

其四，若以赡养率占比下拨，随着下拨比例的提高，吉林省和甘肃省2017年和2013年的净上解规模之差的绝对值变大，浙江省和广东省净上解规模之差的绝对值变小。这意味着若提高上解比例，则浙江省和广东省的净上解规模之间的差距会越来越小，而吉林省和甘肃省的净上解规模之间的差距会越来越大。

其五，不论是以离退休人数占比下拨，还是以赡养率占比下拨，当下拨总额占上解总额的比例每提高1%，各省份2017年和2013年的净上解规模之差的变动幅度均为负值。这意味着下拨方式不变，提高下拨总额占上解总额的比例，各省份净上解规模的扩大速度将随着时间推移而加快。

表6-5　2017年和2013年不同模拟方案下各省份的净上解规模之差

单位：亿元

下拨方案	（1）	（2）	现行	下拨总额占上解总额的比例每提高1%，2017年和2013年净上解规模之差的变动幅度	（3）	（4）	（5）	下拨总额占上解总额的比例每提高1%，2017年和2013年净上解规模之差的变动幅度
下拨方式	按照离退休人数占比下拨	按照离退休人数占比下拨	按照离退休人数占比下拨		按照赡养率占比下拨	按照赡养率占比下拨	按照赡养率占比下拨	
下拨总额占上解总额的比例	80%	90%	100%		80%	90%	100%	
吉林	-29	-36	-43	-0.69	-77	-90	-103	-1.30

表6-5(续)

下拨方案	(1)	(2)	现行	下拨总额占上解总额的比例每提高1%，2017年和2013年净上解规模差的变动幅度	(3)	(4)	(5)	下拨总额占上解总额的比例每提高1%，2017年和2013年净上解规模差的变动幅度
下拨方式	按照离退休人数占比下拨	按照离退休人数占比下拨	按照离退休人数占比下拨		按照赡养率占比下拨	按照赡养率占比下拨	按照赡养率占比下拨	
下拨总额占上解总额的比例	80%	90%	100%		80%	90%	100%	
浙江	−30	−53	−76	−2.27	62	51	40	−1.11
湖北	−9	−20	−31	−1.08	5	−4	−13	−0.90
广东	367	355	343	−1.20	446	444	442	−0.21
甘肃	0	−3	−7	−0.32	−27	−33	−40	−0.65

6.2 全国层面下拨方案调整对中央调剂制度增量效应的影响

6.2.1 下拨方案调整对全国上解总额和下拨总额的影响

若确定上解比例为3.5%，则全国上解总额不受下拨方案调整的影响。但从表6-6中可以看出，即使上解比例不发生变化，全国上解总额规模仍将随着时间推移而不断扩大。

下拨总额直接受下拨方案调整的影响，其中下拨方式对下拨总额无影响，下拨总额占上解总额的比例直接影响下拨总额。下拨总额占上解总额的比例越高，全国下拨总额规模越大。

表6-6　2013—2017年不同模拟方案下的全国上解总额与下拨总额

单位：亿元

指标		2013年	2014年	2015年	2016年	2017年
上解总额	下拨方案	3 571	4 144	4 671	5 287	5 952

表6-6（续）

指标		2013 年	2014 年	2015 年	2016 年	2017 年
下拨总额	（1）	2 857	3 316	3 737	4 229	4 762
	（2）	3 214	3 730	4 204	4 758	5 357
	现行方案	3 571	4 144	4 671	5 287	5 952
	（3）	2 857	3 316	3 737	4 229	4 762
	（4）	3 214	3 730	4 204	4 758	5 357
	（5）	3 571	4 144	4 671	5 287	5 952

6.2.2 下拨方案调整对全国人均拨付额的影响

在以离退休人数占比下拨和以赡养率占比下拨两种方式中，只有以离退休人数占比下拨才涉及人均拨付额这一概念。人均拨付额由全国下拨总额除以全国离退休人数之和得到，全国下拨总额则由下拨总额占上解总额的比例以及上解比例确定。因此，在上解比例不变的情况下，随着下拨总额占上解总额的比例提高，人均拨付额相应提高。2013—2017 年不同模拟方案下的人均拨付额如表 6-7 所示。

表 6-7　2013—2017 年不同模拟方案下的人均拨付额

单位：元

下拨方案	2013 年	2014 年	2015 年	2016 年	2017 年
方案（1）	3 556	3 861	4 091	4 189	4 322
方案（2）	4 000	4 344	4 602	4 713	4 862
现行方案	4 445	4 827	5 113	5 237	5 402

6.2.3 下拨方案调整对全国净流出总额的影响

净流出总额衡量在不同模拟方案下，全国范围内实际发生流动的资金规模。从表 6-8 可以看出，不论在何种方案下，净流出总规模随着时间推移而扩大；若以离退休人数占比下拨，则随着下拨规模占上解规模的比例增加，同年净流出规模缩小，当下拨规模占上解规模的比例达到 100% 时，2017 年净流出总额为 1 310 亿元；若以赡养率占比下拨，则随着下拨规模占上解规模的比例增加，同年净流出规模缩小，当下拨规模占上解规模的比例达到100%时，2017年净流出总额为2 489亿元；若下拨总额占上解总额的比例相同，则在以离退休人数占比下拨的方式下，中央调剂基金的净流出总额规模更小。

表6-8　2013—2017年不同模拟方案下的净流出总额

单位：亿元

下拨方案	2013年	2014年	2015年	2016年	2017年
（1）	1 065	1 262	1 421	1 612	1 867
（2）	912	1 074	1 201	1 365	1 561
现行方案	779	917	1 024	1 160	1 310
（3）	1 678	1 951	2 211	2 505	2 772
（4）	1 578	1 841	2 097	2 368	2 612
（5）	1 500	1 767	1 998	2 250	2 489

6.2.4　下拨方案调整对全国调剂比例的影响

调剂比例衡量不同模拟方案下，全国范围内实际发生流动的调剂基金占总上解规模的比例。从表6-9中可以看出，不论在何种方案下，全国调剂比例的变化趋势随着时间推移总体呈现增加趋势；若以离退休人数占比下拨，则随着下拨规模占上解规模的比例增加，同年全国调剂比例下降，当下拨规模占上解规模的比例达到100%时，2017年全国调剂比例为22.0%；若以赡养率占比下拨，则随着下拨规模占上解规模的比例增加，同年全国调剂比例下降，当下拨规模占上解规模的比例达到100%时，2017年全国调剂比例为41.8%；若下拨总额占上解总额的比例相同，则在以离退休人数占比下拨的方式下，中央调剂基金的全国调剂比例更小。这意味着以离退休人数占比下拨的中央调剂制度实际调剂程度低于以赡养率占比下拨的中央调剂制度。

表6-9　2013—2017年不同模拟方案下的调剂比例　　单位:%

下拨方案	2013年	2014年	2015年	2016年	2017年
（1）	29.8	30.5	30.4	30.5	31.4
（2）	25.5	25.9	25.7	25.8	26.2

表6-9（续）

下拨方案	2013 年	2014 年	2015 年	2016 年	2017 年
现行方案	21.8	22.1	21.9	21.9	22.0
（3）	47.0	47.1	47.3	47.4	46.6
（4）	44.2	44.4	44.9	44.8	43.9
（5）	42.0	42.6	42.8	42.6	41.8

6.3 下拨方案调整对中央调剂制度在缩小地区差异作用上的影响

中央调剂制度在缩小地区差异上的存量效应可以从全国当期结余、总当期结余标准差和人均当期结余标准差三个角度来衡量。

6.3.1 从全国当期结余的角度衡量

从全国当期结余来看，如果下拨总额占上解总额的比例为100%，即中央调剂制度的上解资金全部下拨到各个省份，则中央调剂制度并不会影响全国范围内的基金收入总额与基金支出总额，因此，该制度的实施将不会改变全国当期结余。若下拨总额占上解总额的比例小于100%，即中央调剂制度的上解资金只是部分，而并非全部下拨到各个省份，则尽管中央调剂制度的实施不会改变全国范围内的当期结余资金，但该资金将被分为两个部分，一部分是由留存在各个省份的当期结余资金相加得到的全国当期结余，另一部分是上解到中央留存中央账户的当期结余资金。在这种情况下，下拨总额占上解总额的比例越低，第一部分留存在各个省份的当期结余资金相加得到的全国当期结余越小。此外，不论在何种方式下，2013—2016 年，全国当期结余随着时间推移呈现缩小趋势，2017 年全国当期结余出现跳转式回升，具体见表 6-10。

表 6-10　2013—2017 年不同模拟方案实施前后的全国当期结余

单位：亿元

下拨方案	2013 年	2014 年	2015 年	2016 年	2017 年	平均
调剂前	4 208	3 553	3 527	3 201	5 242	3 946
（1）	3 493	2 724	2 592	2 143	4 051	3 001
（2）	3 850	3 138	3 059	2 672	4 646	3 473
现行方案	4 208	3 553	3 527	3 201	5 242	3 946
（3）	3 493	2 724	2 592	2 143	4 051	3 001
（4）	3 850	3 138	3 059	2 672	4 646	3 473
（5）	4 208	3 553	3 527	3 201	5 242	3 946

6.3.2　从总当期结余标准差的角度衡量

从总当期结余标准差来看，不论在何种方案下，总当期结余标准差随着时间推移在整体上呈现增加趋势，少数年份存在波动，这意味着不论是否实施中央调剂制度以及下拨方案如何调整，以总当期结余标准差来衡量，全国范围内的地区差异将会越来越大的趋势不会得到根本改变。若以离退休人数占比的方式下拨，则随着下拨总额占上解总额比例的提高，同一年度的总当期结余标准差越来越大。这意味着在该种下拨方式下，下拨总额占上解总额比例的提高反而会扩大地区差异。若以赡养率占比的方式下拨，则随着下拨总额占上解总额比例的提高，同一年度的总当期结余标准差会发生较小幅度的下降。这意味着在该种下拨方式下，下拨总额占上解总额比例的提高能在一定程度上缩小地区差异，但效果并不明显。若保持下拨总额占上解总额的比例不变，将下拨方式由离退休人数占比下拨改为由赡养率占比下拨，则总当期结余标准差变小。这意味着，在其他条件相同的情况下，若以总当期结余标准差来衡量，则以赡养率占比下拨更能缩小地区差异，具体见表 6-11。

表 6-11　2013—2017 年不同模拟方案实施前后的总当期结余标准差

单位：亿元

不同方案		2013 年	2014 年	2015 年	2016 年	2017 年
不实施		167	172	233	262	359
实施后	下拨方案（1）	104	94	126	142	261
	下拨方案（2）	109	99	130	143	265
	现行方案	115	105	135	146	269
	下拨方案（3）	64	68	100	139	237
	下拨方案（4）	64	68	98	137	236
	下拨方案（5）	64	69	97	136	236

6.3.3　从人均当期结余标准差的角度衡量

从人均当期结余标准差来看，不论在何种方案下，人均当期结余标准差随着时间推移在整体上呈现波动趋势，这意味着不论是否实施中央调剂制度以及下拨方案如何调整，以人均当期结余标准差来衡量，全国范围内的地区差异随着年度增长而产生的变化并不明显。若以离退休人数占比的方式下拨，则随着下拨总额占上解总额比例的提高，同一年度的人均当期结余标准差会发生较小幅度的下降。这意味着在该种下拨方式下，下拨总额占上解总额比例的提高能在一定程度上缩小地区差异，但效果并不明显。若以赡养率占比的方式下拨，则随着下拨总额占上解总额比例的提高，同一年度的人均当期结余标准差不断增加。这意味着在该种下拨方式下，下拨总额占上解总额比例的提高反而使得地区差异扩大。若保持下拨总额占上解总额的比例不变，将下拨方式由离退休人数占比下拨改为由赡养率占比下拨，则总当期结余标准差变大。这意味着，在其他条件相同的情况下，若以人均当期结余标准差来衡量，以离退休人数占比下拨更能缩小地区差异，具体见表 6-12。

表 6-12　2013—2017 年不同模拟方案实施前后的人均当期结余标准差

单位：元

不同方案		2013 年	2014 年	2015 年	2016 年	2017 年
不实施		1 067	683	936	1 235	2 249
实施后	下拨方案（1）	853	915	847	2 262	2 036
	下拨方案（2）	853	913	836	2 255	2 027
	现行方案	853	913	827	2 250	2 018
	下拨方案（3）	10 226	10 268	9 867	12 384	5 828
	下拨方案（4）	11 428	11 464	11 064	13 674	6 340
	下拨方案（5）	12 630	12 662	12 261	14 965	6 855

值得注意的是，从总当期结余和人均当期结余得到的中央调剂制度在存量效应上的结果正好相反。这意味着，如果选择不同的指标作为政策目标，则很有可能得出恰好相反的政策导向性结果，因此要理性分析和审慎考虑以不同指标作为政策目标的科学性和合理性。

6.4　下拨方案调整对中央调剂制度在缓解支付缺口作用上的影响

下拨方案调整对缓解支付缺口效果的影响分析可从出现当期赤字的省份个数、出现当期赤字的具体省份、赤字省份的赤字总规模和盈余省份的盈余总规模角度进行说明。

6.4.1　从当期赤字省份个数的角度说明

从表 6-13 可以看出，将以现行下拨方案实施中央调剂制度与不实施中央调剂制度相比，2013—2017 年出现当期赤字的省份个数均有所减少；若以离退休人数占比下拨，则提高下拨总额占上解总额的比例会使得各年出现当期赤字的省份个数不断减少；若以赡养率占比下拨，则提高下拨总额占上解总额的比例也能使得各年出现当期赤字的省份个数不断减少，但在提高同样幅度的下拨总额占上解总额比例的情况下，出现当期赤字省份个数的减少幅度不如以离退休人数占比下拨下的减少幅度大；在下拨总额占上解总额的比例不变的情况下，在以离退休人数占比下拨的中央调剂方案下各年出现当期赤字的省份个数较少。这意味着中央调剂制度的实施、确定下拨方式为以离退休人数占比下拨以及不同下拨方式下下拨总额占上解总额比例的提高均能在一定程度上减少当期赤字省份个数，尽管程度上略有差异。

表 6-13　2013—2017 年不同模拟方案实施前后出现当期赤字的省份个数

单位：个

不同方案	2013 年	2014 年	2015 年	2016 年	2017 年	平均
调剂前	1	2	6	7	6	4.4
下拨方案（1）	0	3	6	7	6	4.4
下拨方案（2）	0	0	4	5	5	2.8
现行方案	0	0	2	3	4	1.8
下拨方案（3）	0	3	6	9	7	5
下拨方案（4）	0	2	5	9	6	4.4
下拨方案（5）	0	1	4	7	6	3.6

6.4.2　从当期赤字具体省份的角度说明

表 6-14 为不同模拟方案实施前后出现当期赤字的具体省份。通过表 6-14可以看出：若不实施中央调剂制度，东北三省（黑龙江省、吉林省和辽宁省）、西北地区的宁夏回族自治区和青海省、黄河中游的陕西省、北部沿海的河北省和山东省以及长江中游的湖北省依次出现当期缺口；若以现行上解比例和下拨方案实施中央调剂制度，则仅黑龙江省、辽宁省、青海省和山东省依次出现当期缺口。

若以离退休人数占比作为下拨方式，将下拨总额占上解总额的比例由100%降为90%，则河北省、陕西省、天津市和湖北省也将出现当期缺口；将下拨总额占上解总额的比例继续由90%降为80%，则出现当期赤字的省份个数与不实施中央调剂制度时出现当期赤字的省份个数相当，但具体省份稍有不同，主要体现在南部沿海的福建省将替代东北三省之一的吉林省，成为新的赤字省份。

若以赡养率占比作为下拨方式，将下拨总额占上解总额的比例设为

100%，则北部沿海的山东省和河北省、东北地区的黑龙江省和辽宁省、东部沿海的江苏省和浙江省、黄河中游的河南省以及长江中游的湖北省依次出现当期缺口；将下拨总额占上解总额的比例由100%降为90%，则新增南部沿海的福建省成为出现当期赤字的省份；将下拨总额占上解总额的比例继续由90%降为80%，则2013—2017年出现赤字的具体省份不发生变化，但出现时点有所提前。

表6-14　2013—2017年不同模拟方案实施前后出现当期赤字的省份

不同方案	2013年	2014年	2015年	2016年	2017年
调剂前	黑龙江	黑龙江、宁夏	河北、辽宁、吉林、黑龙江、陕西、青海	河北、内蒙古、辽宁、吉林、黑龙江、湖北、青海	辽宁、吉林、黑龙江、山东、湖北、青海
下拨方案（1）	－	黑龙江、福建、宁夏	河北、辽宁、黑龙江、福建、陕西、青海	天津、河北、辽宁、黑龙江、福建、陕西、青海	辽宁、黑龙江、福建、山东、湖北、青海
下拨方案（2）	－	－	河北、黑龙江、陕西、青海	天津、河北、辽宁、黑龙江、青海	辽宁、黑龙江、山东、湖北、青海
现行方案	－	－	黑龙江、青海	辽宁、黑龙江、青海	辽宁、黑龙江、山东、青海
下拨方案（3）	－	黑龙江、福建、山东	河北、辽宁、黑龙江、江苏、福建、河南	河北、辽宁、黑龙江、江苏、浙江、福建、山东、河南、湖北	辽宁、黑龙江、江苏、福建、山东、河南、湖北
下拨方案（4）	－	福建、山东	河北、辽宁、黑龙江、江苏、福建	河北、辽宁、黑龙江、江苏、浙江、福建、山东、河南、湖北	辽宁、黑龙江、江苏、山东、河南、湖北
下拨方案（5）	－	山东	河北、辽宁、黑龙江、江苏	河北、辽宁、黑龙江、江苏、浙江、山东、河南	辽宁、黑龙江、江苏、山东、河南、湖北

6.4.3　从赤字总规模和盈余总规模的角度说明

从表6-15可以看出，将以现行下拨方案实施中央调剂制度与不实施中央调剂制度相比，2013—2017年各年的当期赤字总规模均有所减少；若以离退休人数占比下拨，则提高下拨总额占上解总额的比例使得各年当期赤字总规模不断缩小；若以赡养率占比下拨，则提高下拨总额占上解总额的比例也能使得各年当期赤字总规模不断缩小，但在提高同样幅度的下拨总额占上解总额比例的情况下，以赡养率占比下拨的当期赤字总规模减少幅度不如以离退休人数占比下拨下的减少幅度大；在下拨总额占上解总额的比例不变的情况下，以离退休人数占比下拨的中央调剂方案能够使得各年当期赤字总规模较小。这意味着中央调剂制度的实施、确定下拨方式为以离退休人数占比下拨以及不同下拨方式下下拨总额占上解总额比例的提高均能在一定程度上缩小全国范围内的当期赤字总规模，尽管程度上略有差异。

此外，全国范围内当期盈余总规模的变化趋势正好与当期赤字总规模的变化趋势相反，即能从另一个角度印证上述结论。

表 6-15　2013—2017 年不同模拟方案实施前后的当期赤字或盈余总规模

下拨方案	当期赤字省份赤字总规模/亿元						当期盈余省份盈余总规模/亿元					
	2013年	2014年	2015年	2016年	2017年	年均	2013年	2014年	2015年	2016年	2017年	年均
调剂前	40	107	425	726	788	418	4 248	3 660	3 952	3 927	6 030	4 363
（1）	0	18	147	383	545	219	3 493	2 742	2 740	2 526	4 596	3 219
（2）	0	0	85	280	404	154	3 850	3 138	3 144	2 952	5 050	3 627
现行	0	0	36	211	298	109	4 208	3 553	3 563	3 411	5 539	4 055
（3）	0	93	305	855	990	449	3 493	2 817	2 897	2 998	5 041	3 449
（4）	0	74	216	705	853	370	3 850	3 213	3 276	3 377	5 499	3 843
（5）	0	64	142	574	724	301	4 208	3 617	3 668	3 775	5 965	4 246

本章在第四章分析的基础上，考虑在现行中央调剂制度的框架下进行下拨参数调整，并分析这些参数调整给中央调剂制度效应带来的影响。结果发现：下拨方式和下拨总额占上解总额的比例是下拨方案调整的关键因素。若以各省份净上解规模与全国统筹目标状态下的净上解规模的差的平方和最小为检验指标，则以实际支出占比下拨的方式无法通过检验，且可能引发地方政府增加养老金待遇水平，导致道德风险的问题。

继续考察按照离退休人数占比下拨和按照赡养率占比下拨两种方式，并将其与下拨总额占上解总额的不同比例相结合形成下拨方案。通过研究不同方案对中央调剂制度效应的影响，可以发现：

若不改变下拨方式，则随着下拨总额占上解总额的比例的提高，各省份的下拨规模扩大，而净上解规模缩小；若以离退休人数占比下拨，则经济更发达地区的净上解规模对于下拨总额占上解总额的比例变化的弹性更大；若以赡养率占比下拨，则经济欠发达、养老保险基金结余较少地区的净上解规模对于下拨总额占上解总额的比例变化的弹性较大。

若不改变下拨总额占上解总额的比例，则由于各省份离退休人数占比和赡养率占比在全国范围内的相对位置占比不同，不同省份的净输入或者净输出的角色将随着下拨方式的改变而改变。无论在何种下拨方式下，全国净流出总额都随着下拨规模占上解规模的比例的增加而减少，这意味着下拨规模占上解规模的比例的增加，并不会增加全国范围内的调剂比例，反而会降低中央调剂制度的调剂程度。出现这种现象的原因正是在现行中央调剂制度下，部分下拨的调剂基金原本属于该省份，实际用于调剂的部分较少。

从缩小地区差异的角度来看，不论是否实施中央调剂制度以及下拨方案如何调整，以及不论以总当期结余标准差为政策目标还是以人均当期结余标准差为政策目标来衡量，全国范围内的地区差异将会越来越大的趋势不会得到根本改变。

其不同之处在于，若以总当期结余标准差最小为政策目标，则以赡养率占比的方式下拨，下拨总额占上解总额比例的提高能在一定程度上缩小地区差异；若以人均当期结余标准差最小为政策目标，则以离退休人数占比下拨更能缩小地区差异。这一结果正好验证了第四章的结论，即应当审慎确定制度目标。

从缓解支付风险的角度来看，中央调剂制度的实施、确定下拨方式为以离退休人数占比下拨以及不同下拨方式下下拨总额占上解总额比例的提高均能在一定程度上减少当期赤字省份个数，缩小全国范围内的当期赤字总规模，尽管程度上略有差异。

然而，以上分析并未考虑中央调剂制度对各省份养老保险基金征缴与支出行为产生的可能潜在影响。事实上，从上解额与下拨额之比的公式可以看出，若某省份的参保率较低，则该省份净输出的规模较大，该省份将具有提高参保率以缩小净输出规模的动机，这意味着中央调剂制度的实施可能会对各省份养老保险基金征缴与支出行为产生潜在影响。因此，可以考虑在中央调剂方案的设计中引入奖惩机制，以引导各省份实现制度相关参数的统一，规范各省份征缴与支出行为。下一章将对嵌入激励机制的中央调剂方案设计进行探讨。

7 中央调剂制度优化方案的设计与检验

7.1 中央调剂制度的政策目标与实际效果

7.1.1 中央调剂制度的政策目标

随着人口老龄化程度的加深和家庭小型化趋势的愈发明显，社会养老逐渐取代家庭养老成为主流养老模式。社会养老不同于家庭养老，它的目标是在更大范围内实现养老风险共担，以保障全体国民的基本养老权益。企业职工基本养老保险制度的本质是一种具有强制性的旨在实现社会公平的再分配制度，这种再分配一方面体现在高养老风险群体和低养老风险群体之间的风险再分配，是在全社会范围内实现养老风险共担的有效举措；另一方面体现在高收入群体与低收入群体之间在退休以后的收入均等化，是缩小初次收入分配差距的重要制度。因此，企业职工基本养老保险制度的基本目标是实现统筹范围内的相对公平。

然而，受渐进式改革的影响，企业职工基本养老保险制度在发展过程中显现出了明显的地区差异。这种地区差异的直观表现有无论是缴费办法还是待遇计发办法，各地均未能达成统一；不统一的缴费与待遇计发办法进一步导致地区基金结余的差距。省级统筹的企业职工基本养老保险制度的运行结果是地区间基金积累差异无法在省际层面得到化解，基本养老保险制度发展的地区不均衡严重影响了制度的公平性与可持续性。中央调剂制度的出台正是为了通过省际流量资金的再分配，矫正原有基本养老保险制度的实际走向与基本目标的偏离，为全国统筹的进一步推进奠定基础。

中央调剂制度作为全国统筹的过渡性制度安排，其基本价值取向是遵循公平原则，在不增加社会整体负担和不提高养老保险缴费比例的基础上，通过养老保险基金省级调剂合理平衡地区间基金负担，实现基金安全可持续和财政负担可控。因此，想要明确中央调剂制度的政策目标，一方面必须正确认识基本养老保险制度的偏离程度与偏离原因；另一方面必须认识到，即使各地区在缴费率以及替代率上达成一致，但受到制度赡养率以及经济发展水平的省际差异影响，最终的地区基金结余差距仍将存在。

7.1.2 中央调剂制度的实际效果

中央调剂制度是为帮助企业职工基本养老保险制度实现地区间公平性目标的阶段性的、过渡性的制度。总结第四章的测算结果以及现有文献的研究结论，可以发现现行中央调剂制度能够在一定程度上起到"劫富济贫"的作用，即通过养老保险基金的省际调剂缓解部分省份的支付缺口，提高这些省份的可持续性，减轻当地财政负担；同时，其能够缩小地区间养老保险基金结余的差距，消减基本养老保险全国统筹的实现阻力。

中央调剂制度的实施效果不仅受到调剂政策内部参数（尤其是上解比例）的影响，还会受到退休年龄、延迟退休政策实施力度、遵缴率和工资水平等因素的影响（石晨曦、曾益，2019）。其具体表现为：上解比例的提高会强化中央调剂制度的再分配效应，但这种强化效应的力度不断减弱（郭秀云、邵明波，2019；房连泉、魏茂淼，2019）；某省份的养老金支付压力越大，调剂制度的积极作用越明显（张勇，2019）；某省份的抚养比越高、遵缴率越高、工资水平越低、市场化程度越低，则其从调剂制度中获得的调剂额越多（石晨曦、曾益，2019）。

7.1.3 中央调剂制度的政策目标与实际效果的偏离

可以看出，以上中央调剂制度的政策目标阐述从该制度与不均衡的基本养老保险制度的关系上说明，中央调剂制度的实际效果的分析则从基于地区差异结果的各省份当期净收入与累计结余的分布均衡程度上说明。对政策目标与实际效果的界定视角不一致导致在对中央调剂制度的政策目标与实际效果之间的匹配度进行评估的时候，并未剔除基本养老保险制度的不公平因素，并未考虑地区间养老保险缴费与给付的不公平。因此，即使在现行中央调剂制度的作用下，全国总体的赤字得以消除，各省份之间的差距不断缩小，但由于原本各省份之间在人口与经济因素上的客观差异的必然存在，中央调剂制度看似公平的实际效果很有可能使得地区间的基本养老保险制度从一种不均衡状态过渡到另一种不均衡状态。基于此，对于中央调剂制度效应的评估必须先剔除地区间关于基本养老保险制度的不公平因素。

7.2 中央调剂制度的逆向调剂效应

7.2.1 逆向调剂效应的表现

中央调剂制度的逆向调剂主要表现为部分省份的贡献或者获益角色的错位，从人口与经济两方面的因素分析，中央调剂制度的逆向调剂效应主要体现在两个方面。

第一，制度内赡养率低于全国平均水平的省份成为中央调剂制度的获益省份，如河南省，而制度内赡养率高于全国平均水平的省份成为中央调剂制度的贡献省份，如江苏省和上海市。图7-1显示了河南省、江苏省和上海市三个地区的制度内赡养率与全国平均赡养率的变化趋势。从图7-1可以看出，未来30年内，上海市制度内赡养率的增长速度将远远高于全国平均水平和其他两个省份，以现行中央调剂制度来看，江苏省在2019—2049年一直为中央调剂制度的贡献省份，同样上海市也一直为中央调剂制度的贡献省份，而河南省在2019—2049年，则一直为中央调剂制度的获益省份。然而，根据历史数据，河南省退休职工的人均月养老金水平、替代率水平以及待遇缴费比均高于江苏省和上海市。这意味着即使剔除了缴费因素的影响，河南省退休职工从养老保险中的获益程度仍更高，仍能在现行中央调剂制度的作用下获得正的净调剂基金，这不利于社会公平的实现。

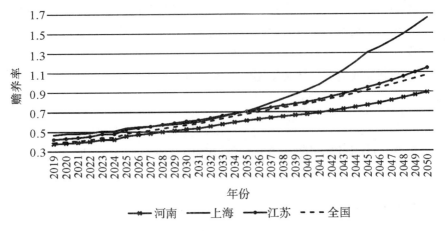

图 7-1　部分省份 2019—2049 年制度内赡养率与全国平均赡养率变化趋势

第二，经济发展水平高于全国平均水平的省份成为中央调剂制度的获益省份，如天津市、山东省、四川省和重庆市，而经济发展水平低于全国平均水平的省份成为中央调剂制度的贡献省份，如福建省、云南省、安徽省和西藏自治区。结合各地的经济发展水平以及中央调剂制度的净上解方向（见表 7-1）来看，天津市、山东省、四川省和重庆市具有较高的工资水平，为中央调剂制度的获益省份；西藏自治区、安徽省、云南省和福建省具有较低的工资水平，为中央调剂制度的贡献省份。同时，考虑到经济发展水平与养老金受益程度之间并没有直接的关系，如果经济发展水平较低的地区其养老金的受益程度较高，那么，从相对公平的角度来看，养老保险基金从经济发展水平较低的地区流向经济发展水平较高的地区并不能确定说是一种逆向流动。要想将经济发展水平作为中央调剂制度是否逆向调剂的标准，必须更进一步考量地区间的基本养老保险制度给付慷慨程度。

表 7-1　2019 年部分省份工资水平与现行中央调剂制度下的净上解规模

省份	天津	山东	四川	重庆	西藏	安徽	云南	福建	全国
年工资水平 /万元	7.733	6.690	6.469	6.438	4.732	5.946	6.390	6.401	6.404
净上解规模 /亿元	-16	-5	-244	-41	2	31	10	171	-

注：工资水平指全口径工资水平。

7.2.2 产生逆向调剂效应的原因

诸多学者在研究结论中提及中央调剂制度的逆向调剂效应,但鲜有学者对中央调剂制度逆向调剂效应的表现与产生原因进行深入思考与论证,边恕和张铭志(2019)认为,不公平的逆向调节的产生原因是调剂比例不合理。事实上,在分析逆向调剂的产生原因之前,必须准确认定逆向调剂;而在认定逆向调剂之前,必须明确什么样的调剂是正向调剂。结合中央调剂制度的政策目标,正向调剂应当是在各省份的基本养老保险制度给付慷慨程度相同的情况下,由赡养负担较轻、经济发展状况较好的省份来帮助赡养负担较重、经济发展状况较差的省份。

基本养老保险统筹层次的提高旨在改善地区间不公平现状,然而,中央调剂制度并未从深层次分析地区之间养老保险制度差异产生的原因,忽视了地区间公平性的相对含义,因此中央调剂制度的设计存在按照制度赡养率进行"一刀切"的现象。这种做法不仅忽视了基本养老保险制度的给付慷慨程度,而且容易引起道德风险,从而产生逆向调剂的现象。

明确逆向调剂的评判标准及可能的产生原因以后,调剂比例的不合理是逆向调剂产生的唯一原因吗?如果是,应当如何调整上解比例来减弱逆向调节效应?是否存在基于地区差别设置差异化上解比例的可能性?如果不是,还有什么原因会引起中央调剂制度的逆向调剂效应呢?第五章内容说明了在不考虑省际差别的条件下,上解比例的直接调整对中央调剂制度效应的影响,本章将从省际差异化调整的角度考虑上解比例的调整对中央调剂制度效应的影响。

7.3 中央调剂制度优化方案的设计

7.3.1 中央调剂制度优化方案的设计思路

通过上文分析可知,中央调剂制度具有一定的积极效果,这种效果体现在弥补部分地区支付缺口、缓解财政补助压力以及显著调节地区间结余差距等方面。同时,中央调剂制度也具有一定的不足。因为其设置上天然存在"一刀切"现象,所以逆向调剂现象不容忽视。从中央调剂制度的逆向调剂效应可以看出,现行中央调剂制度目前对于部分省份的调剂作用不够，但对于部分省份的调剂过多。因此，为了缓解逆向调剂效应，中央调剂制度亟须优化。

中央调剂制度的优化方案主要从两方面设计。第一，剔除导致地区间养老保险制度给付慷慨程度不一的因素。对应逆向调剂产生的原因，按照赡养率"一刀切"的统一调剂方式，忽视了地区间给付慷慨程度，容易加剧不公平现象，因此可考虑在中央调剂制度的方案设计中纳入地区间给付慷慨程度的相对指数。考虑到月均养老金和替代率这两项指标只能反映个体待遇水平，无法体现缴费贡献，为了在消除地区之间缴费贡献差异的基础上探讨给付慷慨程度，则构建待遇缴费比指数，即通过计算现行计发办法下不同地区不同收入职工的待遇缴费比来分析不同地区的高收入职工与低收入职工之间的再分配效应以及地区间的基本养老保险给付慷慨程度。选取同一收入水平下的待遇缴费比在全国范围内进行排序以确定待遇缴费比序列的中位省份，待遇缴费比高于中位省份数值的地区养老保险制度给付慷慨程度较高，反之则其给付慷慨程度较低。更进一步，用不同地区的待遇缴费比与中位省份待遇缴费比的比值作为地区间给付慷慨程度的相对指数。显然，对于养老保险制度的给付慷慨程度高于中位省份的地区，其给付慷慨程度的相对指数大于1，且相对指数越大，该地区的给付慷慨程度越高；反之，对于养老保险制度的给付慷慨程度低于中位省份的地区，其给付慷慨程度的相对指数小于1，且相对指数越小，该地区的给付慷慨程度越低。

第二，嵌入提高地方政府征缴积极性的激励机制。学界普遍认为统筹层次的提高在将养老保险事权上升到全国的过程中会加剧地方政府道德风险，降低地方政府征缴积极性，不利于养老保险制度的可持续发展。因此，除了考虑缓解中央调剂制度的逆向调剂效应以外，中央调剂制度的优化还可以通过将与地方政府行为相关的因素纳入方案内，来形成提高地方政府征缴积极性的激励机制。中央调剂制度只是一种过渡性的制度，与基本养老保险制度全国统筹相差甚远，如果依照目前方案不断提高上解比例，即使最终上解比例提高至缴费率水平，也不能从根本上解决全国统收统支所带来的道德风险。因此，考虑中央与地方政府在征缴积极性上的道德风险，并据此设置上解比例的激励系数，对于完善中央调剂制度具有重要意义。在现行中央调剂制度的方案设计中，通过在职参保人数和企业就业人数的均值计算在职应参保人数的做法能够激励各省份扩大养老保险制度覆盖面，但是对于提高养老保险制度征缴率没有明显的激励作用。为了解决这一问题，可以考虑在优化调剂方案的设计中同时加入地方政府征缴率的倒数作为上解方案的激励系数。显然，征缴率是一个 0 到 1 之间的正数，所以上解方案的激励系数大于 1，且征缴率越高，上解方案的激励系数越小，上解的规模就越小，反之则越大，因此对于地方政府实现应收尽收、提高征缴率具有一定的激励作用。

7.3.2 中央调剂制度优化方案中上解比例调整系数的计算方法

根据中央调剂制度优化方案的设计思路，其上解比例的调整系数嵌入了提高地方政府征缴积极性的激励机制并且基于地方相对公平性的实现考虑了地区间养老保险制度给付的不同慷慨程度。

上解比例调整系数的具体计算方法为：

第一步，计算各地的待遇缴费比水平，分析不同地区不同收入群体之间的养老保险制度损益情况。待遇缴费比即个体退休后领取养老金总额在退休当年的现值除以个体缴费年限内缴纳养老保险费在退休当年的终值。据此可知，当个体待遇缴费比大于 1 时，其领取养老金现值大于所缴纳养老保险费终值，即可从养老保险制度中获得额外收益；当个体待遇缴费比等于 1 时，其领取养老金现值正好等于所缴纳养老保险费终值，即既无法从养老保险制度中获益但也不会有所损失；当个体待遇缴费比小于 1 时，其所领取养老金现值小于所缴纳养老保险费终值，即职工参加养老保险制度有利益损失。

第二步，计算各地的给付慷慨程度指数。某省份给付慷慨程度指数为该地区的待遇缴费比与中位省份待遇缴费比的比值。据此，中位省份的给付慷慨程度被视作标准指数，若某省份的给付慷慨程度指数大于 1，则该地给付慷慨程度较高；若某省份的给付慷慨程度指数小于 1，则该地给付慷慨程度较低。

第三步，计算上解方案的激励系数。某省份的上解方案激励系数为征缴率的倒数，即该地区应征缴收入与实际征缴收入的比值，征缴率能在一定程度上反映地方政府征缴积极性。某省份征缴率越高，上解方案的激励系数越小；某省份征缴率越低，上解方案的激励系数越大。

第四步，计算上解比例的调整系数。某省份上解比例的调整系数为该地给付慷慨程度指数与上解方案激励系数的乘积。据此，优化调剂方案能够通过调整系数在省份与省份之间形成差异化的上解比例，从而起到激励地方政府提高征缴积极性同时达到实现地区间相对公平的目标。

7.3.3 中央调剂制度优化方案的模型构建

现行养老保险待遇计发办法的基本依据为《国务院关于建立统一的企业职工基本养老保险制度的决定》（国发〔1997〕26号，以下简称"26号文"）和《国务院关于完善企业职工基本养老保险制度的决定》（国发〔2005〕38号，以下简称"38号文"）。26号文规定基础养老金计发月标准为当地上年度职工月平均工资的20%。38号文的计发办法则在26号文的基础上作了改进，即基础养老金月标准以当地上年度在岗职工月平均工资和本人指数化月平均缴费工资的平均值为基数，缴费每满一年发给1%，其中，本人指数化月平均缴费工资以当地上年度在岗职工月平均工资为基数。这种按指数化平均工资计发养老金的办法不仅以"上年度在岗职工月平均工资"这一变量体现了物价水平和社会经济发展水平的影响，还用"个人指数化月平均工资"将养老金待遇与职工在职期间历年工资收入挂钩，较大程度上体现了个人缴费贡献，该部分所占比例越高，其再分配效应越小。

据此，若 h 表示缴费年长，e 表示退休年龄，W_{n-1}^y 表示参保职工 $n-1$ 岁时 y 地的在岗职工平均工资，w_n^y 表示参保职工 n 岁时在 y 地参加基本养老保险的缴费工资，其中，$\mu^y = \dfrac{1}{e-x} \sum\limits_{n=x}^{e-1} \left(\dfrac{w_n^y}{W_{n-1}^y} \right)$ 表示省级统筹时 y 地的代表性个体平均缴费工资指数，则 y 地 x 岁开始参保且缴费不中断的退休职工退休时月基础养老金的待遇计算公式为

$$P_x^y = h\% \times \frac{W_{e-1}^y}{2} \left[\frac{1}{e-x} \sum_{n=x}^{e-1} \left(\frac{w_n^y}{W_{n-1}^y} \right) + 1 \right] \qquad (15 \leq h \leq 35^{[1]}; \; x+h \leq e)$$

$$(7-1)$$

若 k^y 表示 y 地个体缴费工资与当地在岗职工平均工资之比，y 地 t 年缴费率为 α_t^y，y 地 t 年预期寿命为 j_t^y，利率为 r，y 地代表性个体的缴费总额为 C^y，待遇总额为 Y^y，待遇缴费比为 Π^y，则有：

---

[1] 参保年长的最大取值参考了《完善企业职工基本养老保险制度宣传提纲》（劳社部发〔2005〕32号）的内容。

$$C^y = \alpha_t^y \times k^y \times \sum_{n=e-h}^{e-1} w_n^y \times (1+r)^{h-1} \tag{7-2}$$

$$Y^y = 12 \times \sum_{i=0}^{jt} \frac{P_{e+i}^y}{(1+r)^i} \tag{7-3}$$

$$\Pi^y = \frac{Y^y}{C^y} = \frac{12}{\alpha_t^y \times k^y} \times \frac{\sum_{i=0}^{jt} \dfrac{P_{e+i}^y}{(1+r)^i}}{\sum_{n=e-q}^{e-1} w_n^y \times (1+r)^{h-1}} \tag{7-4}$$

若中位省份的待遇缴费比为 Π^{y0}，则 y 地给付慷慨程度指数 $\theta^y = \Pi^y / \Pi^{y0}$。

若 y 地 t 年养老保险基金应征缴收入为 ξ_t^y，实际征缴收入为 ψ_t^y，则上解方案的激励系数为 $\lambda_t^y = \xi_t^y / \psi_t^y$。

因此，y 地上解比例的调整系数为 $\eta_t^y = \lambda_t^y \times \theta^y = (\Pi^y \times \xi_t^y) / (\Pi^{y0} \times \psi_t^y)$。

7.4 中央调剂制度优化方案的检验

7.4.1 基本养老保险制度的地区给付慷慨程度评估

为方便比较，本章将缴费年限统一确定为 15 年，缴费率统一确定为 16%，利率为 2.5%，各省份预期寿命数据以本书第八章第六次全国人口普查数据编制的简略城镇居民国民生命表为基础，并拟合联合国人口部门的平均预期寿命发展趋势模型所得。仅取个体工资水平占当地社会平均工资水平的比例为 0.6、1 和 3 的代表性个体进行计算，可得我国 31 个省（区、市）不同收入的代表性个体的缴费总额、待遇总额和待遇缴费比，具体见表 7-2。

从缴费总额和待遇总额来看，其一，不同地区职工的缴费规模存在差异，其中北京市、上海市和天津市为个体缴费规模最大的三个省份。以平均收入者为例，假设其从 2004 年开始参加职工基本养老保险并以历年当地社会平均工资进行参保，直到 2019 年退休。则其在 2019 年退休时，北京市、上海市和天津市的平均收入职工缴纳养老保险费终值分别为 17.04 万元、15.38 万元和 13.12 万元。分别计算不同地区低收入群体、平均收入群体和高收入群体之间的缴费总额标准差，发现低收入群体之间的缴费总额标准差最小（1.31），平均收入群体次之（2.18），高收入群体之间的缴费总额标准差最大（6.53），这意味着不同地区的高收入群体之间的缴费总额差距最大而低收入群体之间的缴费总额差距最小。

其二，同一地区内部不同收入群体之间的缴费总额不等。一般来说，收入越高的参保职工，其缴纳养老保险费也越多。比较同一地区不同收入群体之间的缴费总额标准差，发现不同地区参保职工之间的缴费总额差异也并不相同。从排序情况来看，北京市、上海市、天津市、浙江省、广东省和江苏省等社会平均工资水平越高的省份其内部的缴费总额差异也越大。

其三，不同地区职工待遇总额以及同一地区不同收入群体之间的待遇总额与缴费总额体现出相似的趋势。

其四，缴费总额与待遇总额之间还具有一定的相关性，缴费总额越大的省份，待遇总额也越大，这也从另外一个侧面说明了构建待遇缴费比指标的必要性。

表7-2　我国各省份基本养老保险制度的给付慷慨程度评估

省份	缴费总额/万元			待遇总额/万元			待遇缴费比		
	低	平均	高	低	平均	高	低	平均	高
北京	10.22	17.04	51.11	27.04	33.80	67.60	2.65	1.98	1.32
天津	7.87	13.12	39.35	20.19	25.24	50.48	2.57	1.92	1.28
河北	4.88	8.14	24.41	14.19	17.74	35.48	2.91	2.18	1.45
山西	4.98	8.31	24.92	13.61	17.01	34.02	2.73	2.05	1.37
内蒙古	5.19	8.65	25.95	15.75	19.69	39.37	3.03	2.28	1.52
辽宁	5.07	8.44	25.33	12.49	15.61	31.21	2.46	1.85	1.23
吉林	4.46	7.43	22.29	13.64	17.05	34.10	3.06	2.29	1.53
黑龙江	4.54	7.57	22.70	11.38	14.22	28.44	2.51	1.88	1.25
上海	9.23	15.38	46.13	20.02	25.02	50.04	2.17	1.63	1.08
江苏	6.00	10.00	29.99	16.41	20.51	41.02	2.74	2.05	1.37
浙江	6.45	10.74	32.23	18.53	23.16	46.32	2.87	2.16	1.44
安徽	4.98	8.30	24.90	17.15	21.44	42.87	3.44	2.58	1.72
福建	5.59	9.32	27.95	16.99	21.24	42.48	3.04	2.28	1.52

表7-2(续)

省份	缴费总额/万元			待遇总额/万元			待遇缴费比		
	低	平均	高	低	平均	高	低	平均	高
江西	4.60	7.67	23.01	14.36	17.94	35.89	3.12	2.34	1.56
山东	5.63	9.39	28.17	18.37	22.96	45.92	3.26	2.45	1.63
河南	4.54	7.57	22.72	16.33	20.41	40.82	3.59	2.69	1.80
湖北	4.70	7.83	23.48	15.94	19.93	39.85	3.39	2.55	1.70
湖南	4.81	8.02	24.06	17.99	22.49	44.98	3.74	2.80	1.87
广东	6.40	10.67	32.02	16.45	20.56	41.13	2.57	1.93	1.28
广西	4.78	7.97	23.90	18.39	22.99	45.98	3.85	2.89	1.92
海南	4.90	8.16	24.48	20.89	26.11	52.22	4.27	3.20	2.13
重庆	5.44	9.06	27.19	18.58	23.22	46.45	3.42	2.56	1.71
四川	5.23	8.71	26.14	22.71	28.39	56.78	4.34	3.26	2.17
贵州	5.34	8.90	26.71	21.80	27.25	54.49	4.08	3.06	2.04
云南	4.98	8.30	24.89	15.68	19.60	39.20	3.15	2.36	1.58
西藏	4.42	7.36	22.09	11.61	14.51	29.03	2.63	1.97	1.31
陕西	5.13	8.55	25.65	16.76	20.95	41.89	3.27	2.45	1.63
甘肃	4.82	8.03	24.09	19.47	24.34	48.67	4.04	3.03	2.02
青海	5.51	9.18	27.53	16.82	21.02	42.04	3.05	2.29	1.53
宁夏	5.46	9.10	27.30	13.87	17.34	34.68	2.54	1.91	1.27
新疆	5.60	9.33	27.99	23.60	29.49	58.99	4.22	3.16	2.11

从待遇缴费比来看,其一,各地不同收入职工的待遇缴费比均大于1,这意味着如果按照最低缴费年限15年来计算,全部职工都将从养老保险制度中获益。

其二,相比之下,高收入群体的待遇缴费比最低,平均收入群体次之,低收入群体的待遇缴费比最高,这一规律在全国31个省(区、市)中均适用。分别计算不同地区低收入群体、平均收入群体和高收入群体之间的待遇缴费比标准差,发现低收入群体之间的待遇缴费比标准差最大(0.59),平均收入群体次之(0.44),高收入群体之间的待遇缴费比标准差最大(0.29),这意味着不同地区的高收入群体之间的待遇缴费比差距最大而低收入群体之间的待遇缴费比差距最小。

其三,不同地区职工的待遇缴费比存在差异。四川省、海南省、新疆维吾尔自治区、贵州省、甘肃省待遇缴费比排名前五,这意味着当地的职工能够从养老保险制度中获得较多的收益;而上海市、辽宁省、黑龙江省、宁夏回族自治区和天津市为待遇缴费比排名末五位的省份,这意味着当地的职工从养老保险制度中获益较少。

其四,不同地区职工之间的待遇缴费比差异与待遇总额和月养老金水平并没有直接关系。以平均收入者为例,尽管上海市和广东省参保职工退休后的养老金待遇较高,但其待遇缴费比却较低,这意味着高收入地区的参保职工虽然获得了较高的养老金待遇,但同时也给予了更多的缴费贡献,因此其最终从养老保险制度中所获利益可能还没有低收入地区的参保职工多。不同地区的低收入群体和高收入群体之间呈现出相似的趋势。

各省份平均收入者的缴费总额、待遇总额和待遇缴费比对比情况见图7-2。

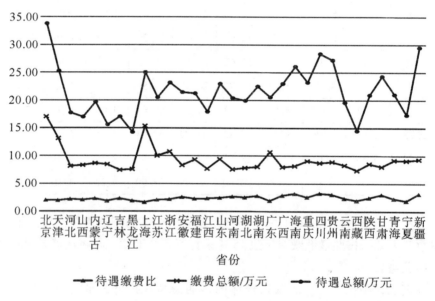

图7-2　各省份平均收入者的缴费总额、待遇总额和待遇缴费比对比情况

7.4.2　上解比例的调整系数

根据上解方案激励系数的计算方法,地区实际征缴收入规模的相关数

据源于各年度《人力资源和社会保障事业发展统计公报》，应征缴收入规模依据参保人数、缴费基数以及政策缴费率计算所得。将相关数据代入模型，可得2013—2017年不同省份的上解比例调整系数（见表7-3）。根据年均上解比例调整系数可以把全国31个省（区、市）大致分为两类，一类是北京市、内蒙古自治区、江苏省、浙江省、安徽省、福建省、江西省、山东省、河南省、湖北省、湖南省、广东省、广西壮族自治区、海南省、重庆市、四川省、贵州省、云南省、西藏自治区、陕西省、甘肃省和新疆维吾尔自治区，这些地区的上解比例调整系数大于1，这意味着这些地区在现行中央调剂制度设计下的上解规模偏小；另一类是剩余的其他省份，这些地区的上解比例调整系数小于1，这意味着这些地区在现行中央调剂制度设计下的上解规模偏大。

表7-3 2013—2017年不同省份的上解比例调整系数

省份	2013年	2014年	2015年	2016年	2017年	省份	2013年	2014年	2015年	2016年	2017年
北京	1.34	1.44	1.41	1.13	1.31	湖北	1.21	1.36	1.30	1.34	0.98
天津	0.97	0.93	0.95	0.82	0.73	湖南	1.42	1.53	1.65	1.04	0.89
河北	0.77	0.74	0.77	0.78	0.67	广东	1.64	1.82	1.75	1.91	1.86
山西	0.72	0.73	0.75	0.70	0.51	广西	1.55	1.62	1.66	1.16	1.11
内蒙古	1.14	1.25	1.11	1.08	0.86	海南	1.73	1.85	1.83	1.65	1.43
辽宁	0.59	0.59	0.52	0.48	0.45	重庆	1.46	1.66	1.80	1.93	1.27
吉林	1.00	1.00	1.04	1.00	0.87	四川	1.09	1.14	1.48	0.97	0.62
黑龙江	0.56	0.52	0.44	0.51	0.46	贵州	1.82	1.96	1.82	1.91	1.12
上海	0.70	0.78	0.67	0.65	0.68	云南	1.71	1.85	1.27	1.06	0.81
江苏	1.63	1.70	1.72	1.82	1.65	西藏	1.21	1.22	2.92	0.65	0.45
浙江	1.50	1.39	1.39	1.30	1.13	陕西	1.21	1.33	1.41	1.39	1.03
安徽	1.52	1.73	1.71	1.86	1.79	甘肃	1.37	1.40	1.57	1.61	1.57
福建	2.50	2.68	2.72	2.49	2.47	青海	1.04	1.03	1.04	0.70	0.76
江西	1.45	1.45	1.41	1.38	1.09	宁夏	0.82	0.91	0.90	0.70	0.66
山东	1.25	1.27	1.12	1.14	1.22	新疆	1.20	1.27	0.87	0.81	1.28
河南	1.38	1.55	1.62	1.73	1.59	—	—	—	—	—	—

7.4.3 上解比例调整后中央调剂制度的效应检验

如果按照待遇缴费比从高到低排序（见表7-4），那么中位省份是吉林省，其待遇缴费比为2.29。排在吉林省前面的省份的待遇缴费比高于吉林省，意味着该省份的养老保险制度给付慷慨程度较高，排序越前慷慨程度越高；反之，则慷慨程度越低。如果养老保险基金从低待遇缴费比的地区流向高待遇缴费比的地区，则可视为逆向调剂。

表7-4 各省份待遇缴费比排序

省份	待遇缴费比	排序	省份	待遇缴费比	排序
北京	1.98	24	湖北	2.55	11
天津	1.92	27	湖南	2.8	7
河北	2.18	20	广东	1.93	26
山西	2.05	23	广西	2.89	6
内蒙古	2.28	19	海南	3.2	2
辽宁	1.85	30	重庆	2.56	10
吉林	2.29	16	四川	3.26	1
黑龙江	1.88	29	贵州	3.06	4
上海	1.63	31	云南	2.36	14
江苏	2.05	22	西藏	1.97	25
浙江	2.16	21	陕西	2.45	12
安徽	2.58	9	甘肃	3.03	5
福建	2.28	18	青海	2.29	17
江西	2.34	15	宁夏	1.91	28
山东	2.45	13	新疆	3.16	3
河南	2.69	8	–	–	–

从表7-5可以看出，在对上解比例进行地区间的差异化处理之前，中央调剂制度的逆向调节效应表现在：①对于待遇缴费比高于中位省份的地区，在同等条件下，这些地区的参保个体从养老保险制度中的获益程度高于全国平均水平，这些省份应该成为净流出省份，也就是净上解额大于0。但是事实上，在这15个应当成为流出省份的地区中，有13个地区的净上

解额小于 0，这些省份包括安徽省、江西省、河南省、湖北省、湖南省、广西壮族自治区、海南省、重庆市、四川省、陕西省、甘肃省和新疆维吾尔自治区以及云南省，其均为净获益省份。②对于待遇缴费比低于中位省份的地区，在同等条件下，这些地区的参保个体从养老保险制度中的获益程度低于全国平均水平，这些省份应该成为净流入省份，也就是净上解额小于 0。但是事实上，在这 15 个应当成为流入省份的地区中，有 7 个地区的净上解额大于 0，这些省份包括福建省、浙江省、江苏省、北京市、西藏自治区、广东省和上海市，其均为净贡献省份。

在对上解比例进行地区间的差异化处理之后，在第（1）类逆向调节效应中出现贡献与获益角色错配的省份里，安徽省、河南省、海南省和重庆市 4 个地区的全部年份或者部分年份，净上解额由负值变为正值，这意味着实施优化方案后，这些省份由净获益省份变为净贡献省份，正好与这些地区的养老金给付慷慨程度达成了一致。在第（2）类逆向调节效应中出现贡献与获益角色错配的省份里，浙江省和西藏自治区的部分年份和上海市的全部年份，净上解额由正值变为负值，这意味着实施优化方案后，这些省份由净贡献省份变为净获益省份，正好与这些地区的养老金给付慷慨程度达成了一致。可以认为，优化方案在一定程度上缓解了逆向调剂效应，而其他省份未能实现角色错配调换的原因在于征缴率较低带来的惩罚效应超过了给付慷慨程度的相对效应。

表 7-5　原方案与优化方案下各省份净上解规模对比情况

单位：亿元

省份	优化方案					原方案				
	2013年	2014年	2015年	2016年	2017年	2013年	2014年	2015年	2016年	2017年
四川	-199	-257	-197	-340	-422	-122	-147	-147	-178	-210
海南	2	3	7	-2	0	-5	-5	-4	-7	-4
新疆	-24	-28	-73	-79	-16	-12	-13	-34	-25	-12
贵州	20	28	26	42	-10	1	3	4	8	2
甘肃	-20	-26	-19	-14	-13	-16	-18	-17	-17	-23
广西	-24	-29	-22	-71	-66	-26	-28	-27	-37	-38
湖南	-57	-70	-49	-135	-170	-48	-57	-56	-67	-90

表7-5(续)

省份	优化方案					原方案				
	2013年	2014年	2015年	2016年	2017年	2013年	2014年	2015年	2016年	2017年
河南	-29	-14	6	29	65	-25	-21	-19	-31	-8
安徽	8	25	26	66	71	-6	-5	-6	1	-10
重庆	-38	-26	3	31	-41	-37	-36	-31	-36	-30
湖北	-104	-112	-130	-117	-182	-68	-72	-80	-79	-99
陕西	-28	-28	-22	-9	-42	-14	-14	-14	-7	-8
山东	22	-11	-62	-58	8	33	22	20	16	23
云南	20	29	-19	-38	-43	0	3	-7	-9	1
江西	-23	-36	-38	-53	-77	-23	-26	-26	-38	-42
吉林	-95	-121	-131	-138	-161	-58	-68	-75	-80	-101
青海	-6	-9	-9	-19	-16	-3	-3	-3	-6	-5
福建	211	264	310	329	379	57	67	78	92	106
内蒙古	-38	-51	-75	-90	-107	-20	-28	-38	-49	-57
河北	-124	-164	-172	-173	-196	-51	-63	-64	-63	-79
浙江	182	118	70	10	-31	102	91	58	31	26
江苏	224	246	284	396	384	91	96	105	127	136
山西	-60	-81	-91	-102	-124	-15	-23	-29	-35	-43
北京	208	269	306	239	376	156	186	218	243	285
西藏	1	1	19	-1	-4	1	1	6	2	1
广东	590	861	969	1 278	1 419	324	427	508	594	668
天津	-33	-49	-48	-69	-69	-5	-7	-5	-9	-8
宁夏	-13	-16	-17	-27	-26	-4	-5	-5	-9	-8
黑龙江	-210	-265	-308	-310	-319	-115	-137	-161	-169	-188
辽宁	-249	-328	-387	-422	-450	-107	-141	-178	-208	-247
上海	-114	-125	-160	-153	-116	14	21	28	46	62

　　企业职工基本养老保险制度的政策目标之一是为了实现统筹范围内的相对公平，然而，受到渐进式改革等诸多因素的影响，我国企业职工基本

养老保险制度的发展呈现出明显的地区差异性。提高统筹层次是解决上述问题的根本办法，但该路径面临较大的现实阻碍，因此，中央调剂制度的出台旨在缩小地区差异，消减全国统筹的实现阻力。根据现行中央调剂制度，各省份统一的上解比例无法体现地区间的个体福利差别，同时可能加剧地方政府征缴的道德风险。据此，本章首先以人口与经济因素为标准对中央调剂制度实施过程中已经呈现出的逆向调节效应进行总结，并提出地区间养老保险给付程度不一致是造成这种逆向调节效应的根本原因；然后，本章从缓解逆向调节效应的角度设置地区间给付慷慨程度指数，从应对地方政府征缴道德风险的角度设置上解方案激励系数，两者共同计算得到地区间差异化上解比例，并对差异化上解比例实施前后地区间的养老保险运行状况进行对比分析，发现在 3.5% 的基础上解比例设定下，引入地区间差异化的上解比例能够在一定程度上缓解逆向调节效应。

8 人口预测及中央调剂制度的中长期模拟

8.1 2019—2050 年分省份的城镇职工基本养老保险制度内人口预测

8.1.1 分省份的城镇人口预测模型构建

本章采用最常用的队列组元法进行分省份的城镇人口预测。若 $i = 1$, 2, $\cdots$, 31, 即 31 个省（区、市），$P_x^i(t)$ 表示 i 省 t 年 x 岁城镇人口数，$M_x^i(t)$ 表示 i 省 t 年 x 岁城镇男性人口数，$F_x^i(t)$ 表示 i 省 t 年 x 岁城镇女性人口数，则有 $P_x^i(t) = M_x^i(t) + F_x^i(t)$。若 $f_x^i(t)$ 表示 i 省 t 年 x 岁妇女生育率，$u_x^i(t)$ 表示 i 省 t 年 x 岁城镇人口死亡率，$\mathrm{MIG}_x^i(t)$ 表示 i 省 t 年 x 岁净迁入人口数，则非新生儿人口规模移算方程为 $P_{x+1}^i(t+1) = P_x^i(t) \times [1 - u_x^i(t)] + \mathrm{MIG}_x^i(t)$，新生儿数量为 $B^i(t) = \sum_{15}^{49} F_x^i(t) \times f_x^i(t)$。

8.1.2 分省份的城镇人口结构预测

本章基于第六次全国人口普查数据（以下简称"六普"），采用人口预测软件 PADIS-INT 对测算期间分省（区、市）的城镇人口进行预测，人口预测软件所需参数的来源与计算过程如下。

8.1.2.1 初始人口

首先加总"六普"长表中各地区分年龄（五岁组）和性别的城市和镇的人口数据，得到各地区分年龄（五岁组）和性别的城镇人口数据。其次，为了得到各地区单岁组城镇人口数据，假设各地区人口的五岁组内结构与全国一致，即按照短表中全国分性别的五岁组内人口结构对各地区城镇人口五岁组数据进行拆分。

8.1.2.2 生育率和生育模式

根据"六普"数据可得各个地区总和生育率以及五岁组的育龄妇女年龄别生育率，按照全国单岁组的育龄妇女年龄别生育率分布结构可得各个地区育龄妇女生育模式。联合国《2019 年世界人口展望》给出了我国总和生育率的变化趋势，假定各地的总和生育率变化趋势与全国相同，则在各个地区初始总和生育率的基础上可得不同地区未来的总和生育率。本章出生性别比采用联合国《2019 年世界人口展望》的数据，即从 2030 年开始降低到 107 的正常水平。

8.1.2.3 死亡率

根据"六普"数据编制简略的城镇居民国民生命表可得 2010 年全国男性和女性城镇居民的平均预期寿命分别为 77.93 岁和 82.13 岁（见表 8-1）。联合国人口机构通过分析所掌握的世界各地区的大量原始生命表，提出了一种平均预期寿命的发展趋势模型（查瑞传，1991），本章根据拟合该模型来预测未来人口的预期寿命。同时，考虑到各个地区的生命表可能并不相同，本章将利用"六普"中各个地区的人口数据编制分地区的城镇居民国民生命表，得出 2010 年全国各省份男性和女性城镇居民的平均预期寿命，如表 8-1 所示。

表 8-1　2010 年各省份分性别的城镇居民平均预期寿命

单位：岁

省份	男	女	省份	男	女
北京	74.59	79.01	湖北	79.09	82.84
天津	74.90	78.36	湖南	80.34	85.04
河北	77.46	81.05	广东	74.90	79.60
山西	77.10	81.89	广西	82.07	87.20
内蒙古	77.47	83.70	海南	82.34	86.67
辽宁	74.13	79.00	重庆	79.45	84.39
吉林	77.12	81.88	四川	83.43	88.60
黑龙江	74.23	79.81	贵州	82.54	86.90

表8-1(续)

省份	男	女	省份	男	女
上海	73.44	77.55	云南	77.20	81.73
江苏	76.44	80.13	西藏	85.84	87.70
浙江	77.98	82.31	陕西	80.22	84.21
安徽	79.79	83.84	甘肃	83.06	87.80
福建	77.84	81.85	青海	76.58	86.03
江西	76.94	81.81	宁夏	74.65	79.85
山东	78.00	81.67	新疆	81.29	95.79
河南	80.63	84.44	－	－	－

8.1.2.4 迁移率和迁移模式

对各省份的城镇人口进行预测还要考虑到省际城城迁移、城乡迁移以及省内城乡迁移。根据"六普"数据可以计算2010年各省份的迁移总人口、迁移率（见表8-2）以及全国不同年龄的迁移人口结构（见表8-3）。假定各地区迁移人口结构与全国迁移人口结构相同且未来迁移人口结构保持不变。

表 8-2 2010年各省份迁移率　　　　　　单位:%

省份	省内迁移率		省际迁移率		总迁移率	
	男	女	男	女	男	女
北京	4.85	4.68	48.21	43.19	53.06	47.88
天津	4.39	3.79	37.89	20.08	42.27	23.88
河北	5.27	5.46	1.57	1.18	6.84	6.65
山西	9.88	10.55	2.13	1.47	12.01	12.02
内蒙古	16.94	20.30	5.85	4.32	22.79	24.62
辽宁	7.26	7.62	3.33	2.79	10.59	10.41
吉林	8.56	9.37	1.59	1.45	10.15	10.82
黑龙江	7.97	9.23	1.27	1.13	9.24	10.35
上海	3.22	2.59	43.53	32.85	46.75	35.45
江苏	8.45	7.20	6.96	5.18	15.41	12.38

表8-2(续)

省份	省内迁移率		省际迁移率		总迁移率	
	男	女	男	女	男	女
浙江	11.10	11.17	17.94	14.93	29.04	26.10
安徽	6.89	6.77	0.98	0.67	7.88	7.44
福建	15.93	15.63	11.60	9.33	27.53	24.96
江西	7.99	8.27	1.22	1.01	9.20	9.28
山东	8.09	7.44	1.94	1.45	10.02	8.89
河南	7.33	7.24	0.62	0.43	7.95	7.67
湖北	10.01	9.85	1.63	1.27	11.63	11.12
湖南	8.09	8.36	0.94	0.78	9.03	9.14
广东	15.40	14.08	26.84	22.31	42.24	36.39
广西	8.51	9.90	1.67	1.40	10.18	11.30
海南	13.39	15.04	8.66	7.19	22.05	22.23
重庆	8.69	9.15	2.63	2.35	11.33	11.50
四川	8.19	8.46	1.04	0.85	9.23	9.31
贵州	6.83	7.33	1.62	1.31	8.45	8.64
云南	6.22	6.30	2.18	1.57	8.40	7.87
西藏	2.36	2.25	5.70	3.43	8.05	5.67
陕西	9.75	9.31	2.63	1.91	12.38	11.23
甘肃	7.71	7.47	1.67	1.26	9.38	8.74
青海	10.69	10.34	6.21	3.88	16.91	14.22
宁夏	10.55	11.31	5.64	4.43	16.19	15.74
新疆	9.49	11.54	8.65	7.73	18.14	19.27

表8-3　2010年全国不同年龄的迁移人口结构

年龄/岁	迁移人口占比/%		年龄/岁	迁移人口占比/%	
	男	女		男	女
0	0.26	0.25	51	0.60	0.47
1	0.75	0.71	52	0.76	0.60

表8-3（续）

年龄/岁	迁移人口占比/%		年龄/岁	迁移人口占比/%	
	男	女		男	女
2	0.78	0.74	53	0.77	0.63
3	0.78	0.75	54	0.67	0.59
4	0.79	0.75	55	0.67	0.60
5	0.76	0.70	56	0.65	0.60
6	0.76	0.70	57	0.56	0.53
7	0.69	0.62	58	0.55	0.52
8	0.69	0.62	59	0.44	0.43
9	0.71	0.64	60	0.46	0.43
10	0.71	0.64	61	0.41	0.39
11	0.65	0.59	62	0.34	0.32
12	0.68	0.62	63	0.32	0.30
13	0.64	0.59	64	0.29	0.27
14	0.69	0.66	65	0.26	0.25
15	1.11	1.11	66	0.23	0.22
16	1.69	1.80	67	0.21	0.20
17	2.32	2.53	68	0.20	0.19
18	2.46	2.75	69	0.19	0.18
19	2.73	3.16	70	0.19	0.18
20	3.78	4.44	71	0.14	0.14
21	3.56	4.13	72	0.16	0.15
22	3.11	3.56	73	0.14	0.13
23	3.19	3.64	74	0.12	0.12
24	2.79	3.20	75	0.11	0.11
25	2.48	2.78	76	0.09	0.10
26	2.45	2.71	77	0.09	0.09
27	2.39	2.60	78	0.07	0.08
28	2.70	2.88	79	0.06	0.07
29	2.36	2.45	80	0.06	0.07
30	2.26	2.30	81	0.04	0.05
31	2.32	2.31	82	0.04	0.05

表8-3(续)

年龄/岁	迁移人口占比/%		年龄/岁	迁移人口占比/%	
	男	女		男	女
32	2.21	2.19	83	0.03	0.04
33	2.02	1.96	84	0.03	0.03
34	2.29	2.19	85	0.02	0.03
35	2.29	2.18	86	0.02	0.03
36	2.41	2.26	87	0.01	0.02
37	2.41	2.22	88	0.01	0.02
38	2.39	2.19	89	0.01	0.02
39	2.31	2.10	90	0.01	0.01
40	2.43	2.22	91	0.01	0.01
41	2.10	1.91	92	0.00	0.01
42	2.22	2.02	93	0.00	0.01
43	1.65	1.50	94	0.00	0.00
44	1.77	1.58	95	0.00	0.00
45	1.69	1.47	96	0.00	0.00
46	1.54	1.33	97	0.00	0.00
47	1.67	1.39	98	0.00	0.00
48	1.19	0.98	99	0.00	0.00
49	0.60	0.50	100	0.00	0.00
50	0.71	0.57			

将上述参数代入 PADIS-INT 软件可得未来数年各省份分性别和年龄的城镇人口预测数据。

8.1.3　分省份的城镇职工基本养老保险参保人口结构预测

假设劳动者平均22岁[①]进入劳动队伍并参加养老保险，且整个参保期

[①]　参考曾益等在《降低养老保险缴费率政策能走多远?》一文中的做法。《中华人民共和国劳动法》规定最低就业年龄为16岁，但是16~20岁城镇人口的就业率较低，约为10%，且大部分城镇职工为大学毕业生，初次就业年龄约为22岁，基于此，本书假设参保职工最初参加养老保险的年龄为22岁。

间连续足额缴费。根据现行政策①，男女性平均退休年龄分别为 60 岁和 55 岁②，最大生存年龄为 100 岁，据此可得历年城镇 22~59 岁男性就业年龄人口和 22~54 岁女性就业年龄人口分年龄和性别的人口数。但实际城镇就业年龄人口并非全部就业，实际城镇就业人口并非完全参加职工养老保险，故养老保险参保人数的测算需要在就业年龄人口的基数上，考虑劳动参与率、失业率、机关事业单位人口占比和养老保险参保率。参考刘威和刘昌平（2018）的做法，分年龄的劳动参与率参考《中国基本养老保险个人账户基金研究报告》，即在报告给出的 2005 年、2010 年、2015 年、2020 年和 2030 年的分年龄劳动参与率估计值的基础上采用内插法确定 2030 年以前各年份的分年龄劳动参与率，2030 年以后维持不变。根据《中国统计年鉴 2019》，2014 年到 2018 年我国城镇登记失业率为 4.09%、4.05%、4.02%、3.90% 和 3.80%，假定 2018 年以后，我国城镇失业率控制在 4% 并保持不变，分年龄失业率参考刘威和刘昌平（2018）的推算结果（见表8-4）。在此基础上，根据《中国统计年鉴 2019》中分地区的城镇登记失业率占全国总失业率的比例，可得未来若干年各省份失业率。根据历年来《中国人口和就业统计年鉴》，可以计算出各地近十年来机关事业单位就业人数占城镇就业人口的比重年均值，假设这一比例在未来保持不变。近年来，我国养老保险参保率逐年提高，2016—2018 年分别为 91.6%、94.9%、96.5%，假设 2019 年参保率为 98%，2020 年参保率达到 100%。在此基础上，根据《中国统计年鉴》，可以计算出各地城镇职工养老保险参保率。

表 8-4　各年龄组失业率

年龄组/岁	15~19	20~24	25~29	30~34	35~39	40~44	45~49	50~54	55~59	60~64	65+
失业率/%	1.37	5.80	5.29	5.31	4.08	5.32	4.72	4.51	2.63	2.28	0.42

----

① 延迟退休政策对基金收支平衡的影响并非简单的单向影响，因此本书假定延迟退休政策对基金收支的正向与负向作用正好相互抵消，即暂不考虑测算期间延迟退休政策对基金收支平衡的影响。

② 女干部在女性就业人口结构中占比较低，故本书以女职工退休年龄作为女性平均退休年龄。

8.2 人口预测结果分析

8.2.1 基于省级层面的制度内老年抚养比分析

将相关参数分别代入分省份城镇人口预测模型，可得 2019—2050 年各省份养老保险在职参保人数和退休参保人数的预测结果，由此可计算得出 2019—2050 年各省份制度内老年抚养比（如图 8-1 所示）。

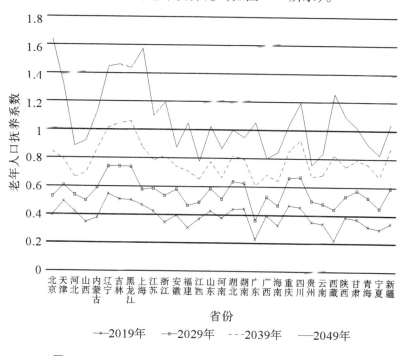

图 8-1　2019—2050 年各省份制度内老年抚养比变化趋势

通过图 8-1 可以看出：其一，随着时间推移，各省份制度内老年抚养比均呈现增加趋势。2019 年、2029 年、2039 年和 2049 年各省份制度内老年抚养比的波动范围分别处于区间［0.2，0.6］、［0.4，0.8］、［0.6，1.0］和［0.8，1.6］内，即平均供养 1 位退休人员所需要的在职职工人数将从 2019 年的 1.67～5 个减少到 2029 年的 1.25～2.5 个，2039 年继续减少至 1～1.67 个，到 2049 年仅需 0.625～1.25 个在职职工。

其二，同一年份里，不同省份的制度内老年抚养比有较大差异，且从波动范围的区间跨度来看，随着时间推移，这种差异呈现扩大趋势。通过计算不同年份的制度内老年抚养比的标准差，可进一步证实该结论。

其三，省份之间制度内老年抚养比的相对变化规律并非一成不变的，有些省份尽管在近几年拥有较低的抚养比，却可能在未来失去这种优势。比如，2019 年西藏自治区和广东省是制度内抚养比最低的地区，但到 2039 年和 2049 年西藏自治区已经位列全国第 22 位和第 25 位，广东省则在 2049 年位列全国第 19 位。

图 8-2 显示了未来各省份制度内老年抚养比的平均增长速度。通过图 8-2 可以看出，各省份制度内老年抚养比的平均增长速度各异，但经济发展水平更高的地区很可能出现更快的制度内人口老龄化趋势。除了广东省和西藏自治区以外，北京市、浙江省、福建省和上海市的制度内老年抚养比也具有较快的增长速度，而广西壮族自治区、河北省、江西省、湖南省、贵州省、安徽省和重庆市则具有较慢的增长速度。因此，基于省级层面的制度内老年抚养比的考察不仅要关注某个时间点的人口负担，更要结合制度内人口老龄化的速度关注中长期的动态变化过程。

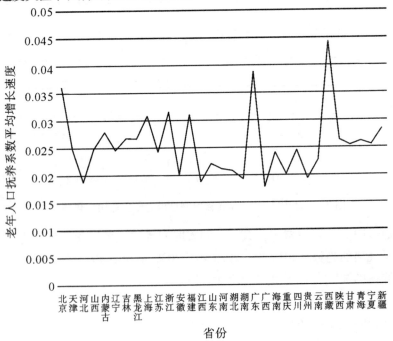

图 8-2 2019—2050 年各省份制度内老年抚养比的平均增长速度

按照表 8-5 排序状况是否发生变化以及发生什么样的变化，可以将各省（区、市）大致划分为三类：一类是排序状况发生较大幅度下跌的省份，如西藏自治区、广东省、福建省、青海省、新疆维吾尔自治区、浙江省和北京市，该类省份制度内的老年抚养比随着时间推移不断上升；一类是排序状况发生较大幅度提高的省份，如河南省、广西壮族自治区、河北省、江西省、贵州省、安徽省、湖北省、湖南省和重庆市，该类省份制度内的老年抚养比随着时间推移不断下降；一类是剩余其他省份，该类省份在测算期内的排序状况未发生明显改变，其制度内老年抚养比随着时间推移并未发生明显变化。

表 8-5 2019—2050 年各省份制度内老年抚养比排序

省份	2019 年	2029 年	2039 年	2049 年	省份	2019 年	2029 年	2039 年	2049 年
西藏	1 (－)	2 (－)	22 (＋)	25 (＋)	广西	17 (＝)	13 (－)	8 (－)	3 (－)
广东	2 (－)	1 (－)	1 (－)	19 (＋)	安徽	18 (＋)	19 (＋)	12 (－)	8 (－)
宁夏	3 (－)	3 (－)	6 (－)	4 (－)	北京	19 (＋)	12 (－)	23 (＋)	31 (＋)
福建	4 (－)	4 (－)	11 (－)	18 (－)	河北	20 (＋)	16 (－)	5 (－)	9 (－)
青海	5 (－)	11 (－)	14 (＝)	10 (－)	江苏	21 (＋)	21 (＋)	16 (－)	21 (＋)
海南	6 (－)	5 (－)	2 (－)	6 (－)	山东	22 (＋)	20 (＋)	15 (－)	15 (－)
云南	7 (－)	6 (－)	9 (－)	5 (－)	湖北	23 (＋)	26 (＋)	21 (＋)	13 (－)
新疆	8 (－)	23 (＋)	26 (＋)	17 (＋)	湖南	24 (＋)	25 (＋)	19 (－)	12 (－)
浙江	9 (－)	14 (－)	20 (＋)	23 (＋)	四川	25 (＋)	28 (＋)	28 (＋)	24 (＋)
山西	10 (－)	9 (－)	10 (－)	11 (－)	上海	26 (＋)	18 (－)	27 (＋)	30 (＋)
贵州	11 (－)	8 (－)	7 (－)	1 (－)	重庆	27 (＋)	27 (＋)	24 (＋)	16 (＝)
江西	12 (－)	7 (－)	3 (－)	2 (－)	天津	28 (＋)	24 (－)	17 (－)	26 (＋)
甘肃	13 (－)	17 (＋)	18 (＋)	14 (－)	黑龙江	29 (＋)	29 (＋)	31 (＋)	27 (＋)
内蒙古	14 (－)	22 (＋)	25 (＋)	22 (＋)	吉林	30 (＋)	30 (＋)	30 (＋)	29 (＋)
河南	15 (－)	10 (－)	4 (－)	7 (－)	辽宁	31 (＋)	31 (＋)	29 (＋)	28 (＋)
陕西	16 (－)	15 (－)	13 (－)	20 (＋)	－	－	－	－	－

注：括号内的符号"＋"表示该省（区、市）制度内老年抚养比高于全国平均水平，"－"表示该省（区、市）制度内老年抚养比低于全国平均水平，"＝"表示该省（区、市）制度内老年抚养比等于全国平均水平。

8.2.2 基于区域层面的制度内老年抚养比分析

本章参考国家统计局及相关研究（邓大松和杨晶，2019）关于地区的划分办法，将我国 31 个省（区、市）划分为八大经济区：东北地区、北部沿海地区、东部沿海地区、南部沿海地区、黄河中游地区、长江中游地区、大西南地区和大西北地区。表 8-6 给出了 2019 年和 2049 年制度内老年抚养比指标基于区域层面和省级层面的对比。

表 8-6　2019 和 2049 年老年抚养比指标分析
——基于区域层面和省级层面的对比

变量		最大值		最小值		均值		中位数		标准差	
年份		2019	2049	2019	2049	2019	2049	2019	2049	2019	2049
全国大陆地区平均		0.55	1.64	0.22	0.75	0.39	1.07	0.38	1.04	0.08	0.24
区域层面	东北	0.55	1.46	0.50	1.44	0.52	1.45	0.51	1.44	0.02	0.01
	北部沿海	0.49	1.64	0.40	0.89	0.43	1.22	0.42	1.17	0.04	0.29
	东部沿海	0.47	1.57	0.35	1.10	0.41	1.29	0.42	1.20	0.05	0.20
	南部沿海	0.33	1.05	0.23	0.84	0.29	0.98	0.31	1.05	0.04	0.10
	黄河中游	0.38	1.13	0.35	0.87	0.37	1.00	0.38	1.01	0.01	0.11
	长江中游	0.44	1.00	0.37	0.78	0.41	0.90	0.42	0.91	0.03	0.08
	大西南	0.47	1.20	0.34	0.75	0.40	0.93	0.39	0.84	0.05	0.17
	大西北	0.37	1.26	0.22	0.83	0.31	1.01	0.32	1.02	0.05	0.15

注：东北地区为辽宁、吉林、黑龙江；北部沿海地区为北京、天津、河北、山东；东部沿海地区为上海、江苏、浙江；南部沿海地区为福建、广东、海南；黄河中游地区为山西、内蒙古、河南、陕西；长江中游地区为安徽、江西、湖北、湖南；大西南地区为广西、重庆、四川、贵州、云南；大西北地区为甘肃、青海、宁夏、新疆、西藏。

从标准差来看，尽管全国层面的制度内老年抚养比差异扩大，但部分地区内部，如东北地区的老年抚养比差异越来越小；从均值来看，2019年，东北地区、北部沿海地区、东部沿海地区、长江中游地区和大西南地区制度内老年抚养比高于全国平均水平，其他地区低于全国平均水平。

出现上述现象的原因可能有：第一，早年的区域经济社会发展不平衡导致不同地区的医疗卫生条件发展不均，经济社会发展水平较高地区的医疗卫生条件提高较快，人口预期寿命较长，故老龄化水平居高不下，如东部沿海地区；第二，跨省区的人口流动带来了制度内的人口红利（殷宝明、刘昌平，2014），近年来工业化和城镇化的推进致使我国劳动力流动呈现大规模的乡—城迁移以及经济不发达省份向经济发达省份流动的省际流动趋势，较大规模的青壮年劳动力流入使得某些地区的人口老龄化程度明显低于其他地区，如南部沿海地区；第三，相对宽松的生育政策使得部分地区的人口老龄化程度较低，如大西北地区。

至2049年，东北地区、北部沿海地区和东部沿海地区的制度内老年抚养比仍旧高于全国平均水平，而长江中游地区和大西南地区的制度内老年抚养比已低于全国平均水平。出现这种现象的原因可能是人口流动受地区经济发展的驱动作用明显，而随着长江中游地区和大西南地区的经济不断发展，人口因素对制度内老年抚养比所产生的影响越来越小。

8.3 中央调剂制度实施前后分省份的城镇职工基本养老保险统筹账户基金收支规模预测

8.3.1 模型假定、模型构建与参数设定

8.3.1.1 模型假定

①考虑到中长期测算的准确性损失，该部分的测算时间为2019—2049年，测算时长为30年。

②本书所涉及的短期预测过程均暂不考虑延迟退休。

③本书的研究对象仅为城镇企业职工，即针对统筹账户进行测算。

④本书从养老保险制度实现自我平衡的角度，主要测算基金征缴收入，不考虑财政补贴及社会捐赠等其他收入来源。

⑤该部分根据《国务院关于建立统一的企业职工基本养老保险制度的决定》（国发〔1997〕26号）和《国务院关于完善企业职工基本养老保险制度的决定》（国发〔2005〕38号），将参保人员分为"老人""老中人""新中人"和"新人"四种类型（见表8-7）。

表 8-7　参保职工类别划分　　　　　　　单位：年

类型	出生年份区间	工作年份区间	退休年份区间	2019 年年龄区间
老人	男 = [1896，1936] 女 = [1896，1941]	男 = [1918，1958] 女 = [1918，1963]	男 = [1956，1996] 女 = [1951，1996]	男 = [83，100] 女 = [78，100]
老中人	男 = [1937，1944] 女 = [1942，1949]	男 = [1959，1966] 女 = [1964，1971]	男 = [1997，2004] 女 = [1997，2004]	男 = [75，82] 女 = [70，77]
新中人	男 = [1945，1974] 女 = [1950，1974]	男 = [1967，1996] 女 = [1972，1996]	男 = [2005，2034] 女 = [2005，2029]	男 = [45，74] 女 = [45，69]
新人	男 = [1975，*] 女 = [1975，*]	男 = [1997，*] 女 = [1997，*]	男 = [2035，*] 女 = [2030，*]	男 = [0，44] 女 = [0，44]

⑥职工入职即开始参加城镇职工基本养老保险并连续足额缴费，该部分不考虑缴费中断与不充分的情形。

⑦该部分重点关注各省（区、市）实行中央调剂制度之前地区间的基金征缴收入、支出、结余以及地区差异的状况。

8.3.1.2　模型构建

若 a 为参加工作年龄，b_l 为退休年龄，$l = 1$，2 分别代表男性职工和女性职工，$s_x^i(t)$ 表示 i 省 t 年 x 岁劳动参与率，$p_x^i(t)$ 表示 i 省 t 年 x 岁失业率，λ 为机关事业单位就业人数占总就业人数的比例，$q_x^i(t)$ 表示 i 省 t 年 x 岁参保率。则 i 省 t 年实际缴费人数为：

$$L^i(t) = \sum_{l=1}^{2} \sum_{x=a}^{b_l-1} P_x^i(t) \times s_x^i(t) \times [1 - p_x^i(t)] \times q_x^i(t) \times (1 - \lambda) \quad (8\text{-}1)$$

若 $\rho^i(t)$ 表示 i 省遵缴率，τ 表示缴费率，$\overline{W}^i(t)$ 表示养老保险缴费基数，g_s^i 为 i 省 s 年职工平均工资增长率，t_0 为测算期的起始年份，则 i 省 t 年实际缴费收入为：

$$I^i(t) = L^i(t) \times \overline{W}^i(t) \times \tau \times \rho^i(t) = L^i(t) \times$$

$$\overline{W}^i(t_0 - 1) \times \prod_{s=t_0}^{t} (1 + g_s^i) \times \tau \times \rho^i(t) \quad (8\text{-}2)$$

养老保险统筹账户支出包括基础养老金 $[E_1^i(t)]$ 和过渡性养老金 $[E_2^i(t)]$。根据《国务院关于建立统一的企业职工基本养老保险制度的决定》（国发〔1997〕26 号）和《国务院关于完善企业职工基本养老保险制度的决定》（国发〔2005〕38 号），参保人员可分为"老人""老中人""新中人"和"新人"四种类型，即分别用 $j = 1$，2，3，4 表示。四类参保人员全部计发基础养老金，"中人"计发过渡性养老金。若 ω 表示最大生存年龄，$L_{x,j}^{i,l}(t)$ 表示 i 省 t 年 x 岁 j 类性别为 l 的实际缴费人数，$C_{x,j}^i(t)$ 和 $D_{x,j}^i(t)$ 分别表示基础养老金和过渡性养老金计发基数，$\alpha_{x,j}^i(t)$ 和 $\beta_{x,j}^i(t)$ 分别表示基础养老金和过渡性养老金计发比例，k_s 表示 s 年养老金增长率，则基础养老金支出和过渡性养老金支出分别为：

$$E_1^i(t) = \sum_{l=1}^{2} \sum_{x=b_1}^{\omega} \sum_{j=1}^{4} L_{x,j}^{i,l}(t) \times C_{x,j}^i(t) \times \alpha_{x,j}^i(t) \times \prod_{s=t-x+b_1}^{t} (1 + k_s)$$

$$(8-3)$$

$$E_2^i(t) = \sum_{l=1}^{2} \sum_{x=b}^{\omega} \sum_{j=2}^{3} L_{x,j}^{i,l}(t) \times D_{x,j}^i(t) \times \beta_{x,j}^i(t) \times$$

$$[1998 - (t - x + a)] \prod_{s=t-x+b}^{t} (1 + k_s) \qquad (8-4)$$

养老保险基金结余可从当期结余和累计结余两方面考量。若 r 表示一年期银行存款利率，则当期结余和累计结余分别为：

$$N^i(t) = I^i(t) - [E_1^i(t) + E_2^i(t)] \qquad (8-5)$$

$$F^i(t) = F^i(t - 1) \times (1 + r) + N^i(t) \qquad (8-6)$$

8.3.1.3　参数设定

其一，养老保险基金征收相关参数。考虑中央关于暂缓征收体制改革的决定和参考相关研究（郑秉文，2019），此部分征缴率仍以 80% 计。根据《国务院办公厅关于印发降低社会保险费率综合方案的通知》（国办发〔2019〕13 号），本书以各省份全口径城镇单位就业人员平均工资作为缴费基数，统筹账户缴费率设为 16%。全国平均工资增长率参考世界银行公布的"2018 世界经济展望"报告和王翠琴等（2017）的研究，2019 年取 6.3%，2020 年取 6.2%，2021—2029 年取 5.5%。根据《中国统计年鉴》给出的近十年全国与各省份平均工资水平，计算各省份平均工资水平占比，以此比例计算各省份平均工资增长率。

其二，养老保险基金支出相关参数。"老人"的计发办法沿用 1978 年颁布的《国务院关于安置老弱病残干部的暂行办法》和《国务院关于工人退休、退职的暂行办法》（国发〔1978〕104 号）中的有关规定，按照工龄长短，以不同的养老金替代率计发。"老中人"的计发比例根据 26 号文取 0.2。"新中人"和"新人"的计发比例为实际缴费年限乘以 0.01。各省份的"中人"过渡性养老金的计发比例不等，在1%~1.4%之间稍有波动。人均养老金增长率选择物价上涨率和工资增长率两个指标确定调整比例，参考王翠琴等（2017）的做法，2020年取4.52%，2021—2029年取3.75%。考虑到目前各银行一年期定期存款利率在1.5%~2.5%，本书取利率为2%。

8.3.2 省级统筹背景下的统筹账户基金收支规模

在分省份的人口预测结果基础上，根据养老保险收支模型与结余模型，可得各省养老保险统筹账户2019—2050年基金年度结余（如图8-3所示）和累计结余（如图8-4所示）预测结果。通过下图可以看出，地区间的统筹账户收支状况出现了极大差异，并且这种差异将在未来持续出现。可以认为，受试点先行和梯次推进的制度建立模式的影响，养老保险制度初期改革策略给予了地方政府极大的自主权，导致了地方性不平衡现象较为严重，因此地区间统筹账户收支状况差异的产生是必然的。一方面，养老保险基金当期结余和累计结余受当地人口年龄结构、经济发展水平和劳动力流动的影响显著；另一方面，1995年历史性的统账结合制度改革留下巨额的历史债务，导致各地初始债务规模差异较大，故将在未来若干年内对各地累计结余产生影响。

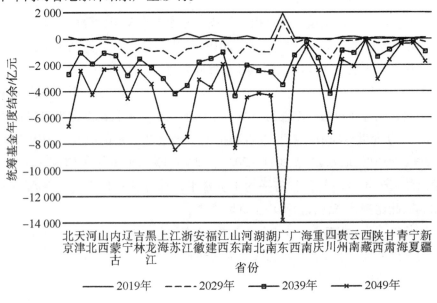

图8-3 2019—2050年各省份统筹基金年度结余预测情况

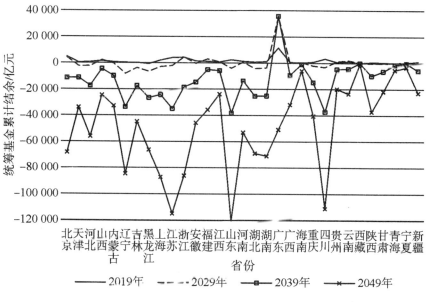

图 8-4　2019—2050 年各省份统筹基金累计结余预测情况

从图 8-3 和图 8-4 可以看出：其一，随着时间推移，出现年度基金缺口的省份越来越多。2019 年有 9 个省份出现年度基金缺口，1 个省份（黑龙江）出现累计基金缺口；到 2029 年，除了广东省以外，其他省份全部出现年度基金缺口，17 个省份出现累计基金缺口；到 2039 年，除了广东省和西藏自治区以外，其他省份全部出现累计基金缺口；到 2049 年，全部省份出现累计基金缺口。其二，随着时间推移，各省份统筹基金年度结余与累计结余之间的差异越来越大。2019 年，年度基金结余的最大值为广东省 1 925 亿元，最小值为辽宁省-273 亿元，两者相差 2 198 亿元；到 2049 年，年度基金结余的最大值为西藏自治区-124 亿元，最小值为广东省-13 813 亿元，两者相差高达 13 689 亿元。其三，东北地区为最早出现统筹账户基金年度缺口的地区，也是最早出现累计缺口的地区。2019 年辽宁省、吉林省和黑龙江省的统筹账户基金年度缺口已分别达到-273 亿元、-96 亿元和-129 亿元。黑龙江省于 2016 年产生-196.1 亿元的累计缺口①，辽宁省和吉林省随后分别于 2020 年和 2021 年产生-17 亿元和-24 亿元的累计缺口。其四，广东省和部分当前基金状况较好的省份（如江苏省、山

① 根据《中国统计年鉴》，2016 年，黑龙江省城镇职工基本养老保险累计结余为-196.1 亿元。

东省和四川省)分别为基金年度结余和累计结余波动最大的省份。2019年广东省尚有年度基金结余 1 925 亿元，但到 2049 年，其年度基金出现－13 913 亿元的赤字。而江苏省、山东省和四川省将在 2049 年产生较大规模的统筹基金累计缺口。通过表 8-8 可以发现：其一，不同省份年度结余和累计结余出现缺口的时间点不同。一般来讲，出现年度缺口越早的地区，其累计缺口出现的时间点也越早。例如，东北地区既是最早出现年度缺口的地区，也是最早出现累计缺口的地区；广东省既是最晚出现年度缺口的地区，也是最晚出现累计缺口的地区。其二，在某个时间段内，累计基金缺口在全国范围内广泛出现，如 2023—2029 年和 2030—2036 年的两个六年间分别有 14 个省份和 11 个省份出现累计基金缺口。其三，年度缺口的出现和累计缺口的出现之间有一定的缓冲时间。累计基金缺口出现越晚的地区，其年度缺口与累计缺口之间出现的缓冲时间越短。其四，尽管现在结余越多的省份出现基金缺口的时间点越晚，但同时其出现缺口的规模也越大。

表 8-8　测算省级统筹背景下年度内各省份统筹基金结余
首次出现赤字的时间点和规模　　　　单位：亿元

省份	年度赤字		累计赤字		时间差	省份	年度赤字		累计赤字		时间差
北京	2023 年	−52	2034 年	−332	11	湖北	2019 年	−21	2024 年	−232	5
天津	2019 年	−82	2023 年	−193	4	湖南	2019 年	−17	2025 年	−288	6
河北	2020 年	−15	2025 年	−83	5	广东	2033 年	−131	2045 年	−804	12
山西	2025 年	−8	2035 年	−512	10	广西	2023 年	−24	2029 年	−198	6
内蒙古	2023 年	−28	2029 年	−291	6	海南	2028 年	−15	2036 年	−133	8
辽宁	2019 年	−273	2020 年	−17	1	重庆	2019 年	−50	2025 年	−32	6
吉林	2019 年	−96	2021 年	−24	2	四川	2019 年	−59	2027 年	−221	8
黑龙江	2016 年	−129	2016 年	−196	0	贵州	2026 年	−25	2033 年	−64	7
上海	2019 年	−113	2026 年	−413	7	云南	2026 年	−3	2035 年	−467	9
江苏	2020 年	−10	2028 年	−548	8	西藏	2029 年	−1	2041 年	−62	12
浙江	2024 年	−10	2033 年	−700	9	陕西	2023 年	−12	2029 年	−131	6
安徽	2023 年	−79	2029 年	−317	6	甘肃	2023 年	−9	2029 年	−89	3
福建	2028 年	−65	2036 年	−874	8	青海	2026 年	−10	2032 年	−81	6
江西	2025 年	−21	2033 年	−502	8	宁夏	2029 年	−8	2038 年	−61	9
山东	2020 年	−31	2026 年	−89	6	新疆	2024 年	−9	2032 年	−18	8
河南	2024 年	−45	2031 年	−681	7	全国	2023 年	−1357	2030 年	−7122	7

从全国数据来看，年度赤字将于 2023 年出现，累计赤字将于 2030 年出现。以年度赤字出现时点为标准线，可以将各省（区、市）划分为三类：一类是早于全国出现年度赤字的省份，如天津市、河北省、辽宁省、吉林省、黑龙江省、上海市、江苏省、山东省、湖北省、湖南省、重庆市和四川省；一类是与全国同年出现年度赤字的省份，如北京市、内蒙古自治区、安徽省、广西壮族自治区、陕西省和甘肃省；一类是晚于全国出现年度赤字的省份，即剩余其他省份。以累计赤字出现时点为标准线，可以将各省（区、市）划分为两类：一类是早于全国出现累计赤字的省份，如天津市、河北省、内蒙古自治区、辽宁省、吉林省、黑龙江省、上海市、江苏省、安徽省、山东省、湖北省、湖南省、广西壮族自治区、重庆市、四川省、陕西省和甘肃省；一类是晚于全国出现年度赤字的省份，即剩余其他省份。

8.3.3　中央调剂制度背景下的统筹账户基金收支规模

从表 8-9 可以看出，在中央调剂制度的省际调节作用下，北京市、江苏省、安徽省、福建省、广东省和海南省的年度赤字时点提前，这意味着这些省份在相当长一段时间内将成为中央调剂制度的持续贡献省份，其中当期赤字的提前时间最长的省份是广东省，有 6 年，其次是福建省和北京市，分别为 5 年和 4 年；而河北省、山西省、内蒙古自治区、辽宁省、吉林省、黑龙江省、江西省、河南省、湖北省、湖南省、广西壮族自治区、四川省、贵州省、西藏自治区、陕西省、甘肃省、青海省、宁夏回族自治区和新疆维吾尔自治区的年度赤字时点推后，这意味着这些省份在相当长一段时间内将成为中央调剂制度的持续获益省份，其中当期赤字的推后时间最长的省份是黑龙江省，有 7 年，其次是四川省，其年度赤字出现时点推后 4 年。随着中央调剂制度的实施，全国年度赤字和累计赤字的出现时点与规模均不发生改变，但是以年度赤字出现时点为标准线划分省份类别时，部分省份将会发生改变。

对比中央调剂制度实施前后各地区出现年度赤字与累计赤字的时点与规模可以发现：其一，中央调剂制度实施以后，不同省份年度结余和累计结余出现缺口的时间点不同的整体状况并未有明显改善，只是出现年度缺口较早的省份由东北地区转向了北京市、天津市、上海市、江苏省和重庆市等地，出现累计缺口较早的省份由东北地区转向了重庆市、湖北省、湖南省和黑龙江省等地。同时，广东省不再是出现年度缺口最晚的地区，也不再是出现累计缺口最晚的地区。其二，中央调剂制度实施以后，累计缺口在全国范围内仍有广泛出现的时间段，但与省级统筹的情况相比，明显有所推迟，至2031年才有15个省份出现累计基金缺口，比未实施中央调剂制度时同样个数的省份出现累计基金缺口晚了两年。其三，中央调剂制度实施以后，各省份年度缺口的出现和累计缺口的出现之间仍有一定的缓冲时间，但平均缓冲时间由6.74年延长到了7.13年。

表8-9 测算中央调剂制度背景下年度内各省份统筹基金结余
首次出现赤字的时间点和规模　　　单位：亿元

省份	年度赤字		累计赤字		时间差	省份	年度赤字		累计赤字		时间差
北京	2019年	−228	2028年	−1207	7	湖北	2022年	−4	2027年	−240	5
天津	2019年	−66	2024年	−212	5	湖南	2022年	−34	2028年	−118	6
河北	2023年	−69	2028年	−87	5	广东	2027年	−7	2037年	−22	10
山西	2028年	−41	2038年	−250	10	广西	2025年	−34	2033年	−458	8
内蒙古	2025年	−6	2033年	−322	7	海南	2027年	−2	2036年	−139	9
辽宁	2020年	−25	2023年	−27	3	重庆	2019年	−9	2028年	−325	9
吉林	2022年	−21	2027年	−174	5	四川	2023年	−72	2031年	−631	8
黑龙江	2023年	−18	2018年	−557	−5	贵州	2027年	−10	2035年	−179	8
上海	2019年	−194	2025年	−428	6	云南	2026年	−12	2035年	−254	9
江苏	2019年	−104	2027年	−331	8	西藏	2031年	−3	2043年	−24	12
浙江	2024年	−3	2033年	−72	7	陕西	2024年	−13	2031年	−50	7
安徽	2021年	−32	2027年	−405	6	甘肃	2025年	−9	2033年	−281	8
福建	2023年	−14	2030年	−543	7	青海	2028年	−9	2035年	−70	7
江西	2028年	−17	2037年	−193	9	宁夏	2030年	−4	2041年	−182	11
山东	2020年	−11	2027年	−378	7	新疆	2026年	−29	2035年	−246	9
河南	2026年	−57	2034年	−436	8	全国	2023年	−1357	2030年	−7122	7

9 结论与思考

9.1 对现行中央调剂制度的研究结论

本书围绕企业职工基本养老保险中央调剂制度，通过文献研究、定性研究、定量研究和比较研究，得出以下六点结论，且相关结论在不同研究方法中得以互相印证。

本书基于 2013—2017 年的历史数据模拟中央调剂制度的运行，发现：

第一，现行中央调剂制度能基本实现地区间养老保险基金的正向再分配和减少财政负担。针对中央调剂制度的增量效应与存量效应的评估结果表明，其能通过养老保险基金增量的省际再分配，实现缩小当前养老保险制度地区间存量差异的目标。即使不改变中央调剂制度的相关参数，由于各地区人口参数与经济参数的变化，中央调剂制度在缩小地区差异和缓解支付缺口上都能起到一定作用。

第二，上解比例的提高能够加强中央调剂制度实现地区间养老保险基金正向再分配的积极效应。若以总当期结余方差最小为基本目标，5.5%～6%或为最优上解比例。中央调剂制度从无到有，显著减少了出现当期赤字的省份个数，但上解比例的持续提高对于减少当期赤字省份个数的效果并不明显，最终当期赤字省份个数将保持稳定。若以全国赤字省份赤字规模最小为中央调剂制度的政策目标，5%～5.5%或为最优上解比例。

第三，在现行中央调剂制度设计中，以在职参保人数和企业就业人数的均值计算在职应参保人数，能够激励较低覆盖面的地区扩大覆盖面，同时，能够在同等条件下加大中央调剂制度的调剂力度，使得全国范围内出现当期支付缺口的省份减少。若以缩小总结余标准差作为政策目标，则应当缩小企业就业人数在在职应参保人数计算过程中的占比；若以缩小人均结余标准差作为政策目标，则应当提升企业就业人数在在职应参保人数计算过程中的占比；若以当期赤字省份的赤字总规模最小作为政策目标，则应当以企业就业人数作为上解基数。

第四，中央调剂制度存在逆向调节效应。现行中央调剂制度的设计存在的事实上的按照制度赡养率进行"一刀切"的问题，导致制度的实施精准度出现偏差，部分省份之间出现了调剂基金的逆向流动现象。若从地区间给付慷慨程度指数、上解方案激励系数的角度设置上解比例的调整系数，能够在一定程度上缓解中央调剂制度的逆向调节效应，并应对统筹层次提高过程中可能引发的地方政府征缴积极性降低的道德风险。

同时，本书基于 2019—2050 年的人口预测结果对中央调剂制度实施前后的城镇职工基本养老保险制度的基金收支规模进行预测，发现：

第五，尽管程度不同，但人口老龄化加剧各地区制度内老年人口赡养负担是全国范围内呈现的普遍趋势。此外，地区之间制度内老年抚养比的差异越来越大，由此导致地区之间养老保险基金结余的差异不断扩大，且其扩大速度远高于制度内老年抚养比。城镇职工基本养老保险制度内的人口预测结果表明，从 2019 年到 2049 年，各省份能够供养 1 位退休人员的在职职工人数将从 1.67~5 个减少到 0.625~1.25 个。不同省份的制度内老年抚养比的平均增长速度不同，省份与省份之间的制度内老年相对抚养比并非一成不变的，因此一般规律表现为经济发展水平较高的地区可能出现更快的制度内人口老龄化趋势。其中，代表性地区为广东省，数据显示 2019 年广东省为全国 31 个省（区、市）中制度内老年抚养比最低的省份，至 2049 年，广东省的制度内人口红利不再，制度内老年抚养比将位列全国第 19 位。从 2019 年到 2049 年，全国 31 个省（区、市）的制度内老年抚养比标准差由 0.075 增加至 0.237；相应地，地区间养老保险基金人均年度结余标准差由 0.14 增加到 1.17。

第六，从中长期预测结果来看，中央调剂制度实施以前，随着时间推移，各省份将会接连出现年度基金缺口和累计基金缺口，且省际统筹基金年度结余与累计结余之间的差异会越来越大；各省份的年度缺口的出现和累计缺口的出现之间均会有一定的缓冲时间；在 2023—2029 年和 2030—2036 年的两个六年间，全国范围内将分别有 14 个省份和 11 个省份出现累计基金缺口；东北地区为最早出现统筹账户基金年度缺口的地区，也是最早出现累计缺口的地区；广东省和部分当前基金状况较好的省份（如江苏省、山东省和四川省）分别为基金年度结余和累计结余波动最大的省份。中央调剂制度实施以后，当前东北地区的支付危机能够得以有效缓解；各省份年度缺口和累计缺口之间的缓冲时间有所延长，平均缓冲时间由 6.74 年延长到了 7.13 年；累计缺口在全国范围内出现的时点也明显有所推迟，至 2031 年才有 15 个省份出现累计基金缺口。但是值得注意的是，中央调剂制度的实施会使得经济发展程度较好的地区（包括北京市、天津市、上海市、江苏省、重庆市和广东省等）的初次年度赤字与累计赤字的时点有所提前；同时，其无法改变未来不同省份年度结余和累计结余将会不断出现缺口的整体状况。因此，从总体状况来看，中央调剂制度的实施能够改善部分省份的基金状况，在一定程度上缓解基本养老保险制度的结构性失衡问题，但却无法从根本上解决全国层面出现的总量失衡问题。

9.2 完善中央调剂制度以推进全国统筹的思考

以上结论意味着，第一，中央调剂制度的上解方案调整将会牵一发而动全身，无论是在全国范围内统一提高上解比例，还是改变在职应参保人数的计算方式，还是改变中央调剂制度的下拨方式，还是以差异化方式确定各地区不同的上解比例，都需要尽可能多地考虑更加精准的政策目标，以小步慢走的方式谨慎调整。如果选择不同的指标作为政策目标，则很有可能得出恰好相反的政策导向性结果。因此，选择时应当理性分析和审慎考虑以不同指标作为政策目标的科学性和合理性。

第二，在地区人口与经济因素的巨大差别存在合理性且难以消除的基础上，即使实现基本养老保险全国统筹，也应当给予地方政府一定的自由裁量权。中央调剂制度的建立、实施与完善将在全国范围内形成两级调剂制度，从中央调剂制度的实施效果来看，对于全国统筹的目标状态的探讨需要从长计议，全国统收统支是否就是最合适的全国统筹目标状态？是否存在以不断完善的两级调剂制度为目标的全国统筹形式的可能性？

第三，中央调剂制度与全国统筹的推进仅能解决我国养老保险制度的地区间结构性失衡问题，缩小地区差异，且只能暂时缓解部分省份的支付风险，无法解决全国层面出现的总量失衡问题。全国层面的养老金支付风险问题不仅关系到养老保险制度的人口老龄化风险问题，还关系到与历史债务偿还相关的制度性风险问题，需要依靠全国统筹以外的其他方式，如生育政策调整、退休年龄和最低缴费年限等制度参数调整来加以解决。

9.3 基本养老保险全国统筹与制度完善的关键点

根据中央调剂制度的相关研究结论，以及该制度的实施与全国统筹之间的关系，本书认为城镇职工基本养老保险统筹层次的提高有以下四个关键点。

第一，完善调剂制度执行参数，提高政策执行精准度。现行中央调剂制度实行所有省份全部上解和全部下拨的做法从表面上看是公平的做法，但实际上，具体到各个省份，是存在明显的逆向调节效应的。首先，部分结余较多的省份在现行调剂制度下成为净获益省份，部分基金已出现当期亏空的省份在现行制度下承担向中央调剂制度的净贡献责任；其次，调剂制度事实上是对基金结余状况分布两端的省份进行调整，对基金结余徘徊在赤字状态的省份调剂作用较小。此外，我国养老保险制度改革是一项综合性的复杂工程，任何调整都可能牵一发而动全身。因此，对于中央调剂制度上解比例的提高不应过于急迫，应当在稳妥考虑调剂金制度与全国统筹最终目标之间衔接方案的基础上从长计议。为了提高政策执行精准度，可考虑引进中央调剂基金上解与下拨的反馈与停止机制，建立类似于养老金待遇自动调节机制的调剂触发点与触停点，以有效规避风险，充分发挥中央调剂制度的积极作用，并推动合适时间点下全国统筹的实现。

第二，通过制度统一来提高地区间养老金给付的相对公平程度。中央调剂制度对于均衡地区间养老保险制度发展状况具有一定影响，能基本实现地区间养老保险基金的正向再分配和减少财政负担，而提高上解比例能够加强这种积极效应。但是其并不是真正意义上的全国统筹，且该制度的长期作用有限，虽能在一定程度上缩小地区差异，却无法改变地区间差距不断扩大的趋势；虽能缓解部分省份的支付风险，却无法弥补全国总量上的支付缺口。因此，在地区人口与经济因素的巨大差别存在合理性且难以消除的基础上，城镇职工基本养老保险全国统筹的实现必须以制度统一和政府间权责合理分担为重要突破口。全国统筹的实现必须牢牢把握基本养老保险制度全国统筹的应有之义——基本养老保险基金的统一征收、统一支付和统一管理，必须通过统一地区间的养老金给付水平来逐步实现全国统筹。

第三，通过生育和退休年龄等政策的调整来完善制度内人口结构。研究结果表明，随着时间推移，各省份的制度内人口老龄化程度都在加剧，而与之相对应的人均年度基金结余越来越少。对于不同省份而言，各省份人均年度养老保险基金结余差距随着人口老龄化差距的扩大呈现出更快的扩大速度；对于单个省份而言，人口老龄化速度越快，其人均年度养老保险基金结余下降速度越快。因此，本书认为制度内人口年龄结构会对养老保险制度的总量失衡和结构性失衡产生双重影响，较低的制度内老年抚养比对于养老保险制度的可持续发展具有重要意义。一方面，受普遍的"乡—城"以及"城—城"人口流动影响，地区间的人口结构存在极大差异，而制度内人口老龄化程度与当地的养老保险基金状况有直接关系；另一方面，全国范围内总人口结构的改善能够解决全国统筹以后的基金可持续性问题，是改善基金状况的有效措施。

第四，大力推进全国统筹的同时加快国资划转，并确保养老保险基金保值增值。本书认为，目前我国养老保险制度面临结构性失衡和总量失衡的双重考验。中央调剂制度与全国统筹的推进仅能解决我国养老保险制度的地区间结构性失衡问题，缩小地区间差异，且只能暂时缓解部分省份的支付风险，但无法解决全国层面出现的总量失衡问题。事实上，全国层面的养老金支付风险问题不仅关系到养老保险制度的人口老龄化风险问题，还关系到与历史债务偿还相关的制度性风险问题，需要依靠全国统筹以外的其他方式来加以解决。全国统筹能够充分发挥地区间的横向再分配作用，相对缓解省际差异，实现共同发展和促进社会公平，应当尽快实现。而即使实现全国统筹，在没有任何制度外措施的帮助下，养老保险基金未来仍将存在巨额缺口。在现有政策不变的情况下，到2050年，养老金缺口将高达10.3万亿元（齐传钧，2019）。这是早期制度设计缺陷带来的必然结果，无法通过全国统筹来解决，因此，应当进一步推动制度外的保障措施建设，加快国有资产划拨，充实全国社会保障基金，提早规划和布局以满足人口老龄化高峰时期养老保险事业的长远需要。

参考文献

［1］埃斯平安德森，2010. 福利资本主义的三个世界［M］. 苗正民，等译. 北京：商务印书馆：156.

［2］白维军，2011. 完善省级统筹，促进全国调剂［D］. 南京：南京大学：38.

［3］白维军，童星，2011. "稳定省级统筹，促进全国调剂"：我国养老保险统筹层次及模式的现实选择［J］. 社会科学，（5）：91-97.

［4］白彦锋，王秀园，2018. 全国养老保险中央调剂制度中激励相容问题研究［J］. 山东财经大学学报，（4）：65-74.

［5］边恕，李东阳，2019. 推进职工基本养老保险全国统筹的方案设计与实施路径［J］. 华中农业大学学报（社会科学版），（5）：156-163，174.

［6］卞听韵，2014. 城镇职工基础养老金实行全国统筹的思考［J］. 财政研究，（4）：52-55.

［7］陈晋，2017. 深入理解我国社会主要矛盾的转化［N］. 北京日报，2017-11-13（21）.

［8］陈起凤，李春根，2019. 从社会主要矛盾转化看基本养老保障制度改革：契机与路径［J］. 华中农业大学学报（社会科学版），（6）：131-138.

［9］陈曦，范璐璐，王冬雨，2019. 城镇职工养老保险全国统筹实现机制研究［J］. 北京航空航天大学学报（社会科学版），（2）：34-40.

［10］陈昱阳，2017. 养老金中央调剂金制度的效应分析［J］. 劳动保障世界，（12）：8-9.

［11］陈元刚，李雪，李万斌，2012. 基本养老保险实现全国统筹的理论支撑与实践操作［J］. 重庆社会科学，（7）：19-25.

［12］褚福灵，2013. 关于基本养老保险全国统筹的思考［J］. 中国社

会保障，（6）：36-38.

[13] 邓大松，程欣，汪佳龙，2019. 基础养老金全国统筹的制度性安排：基于国际经验的借鉴 [J]. 当代经济管理，（3）：89-97.

[14] 邓大松，刘昌平，2019. 中国社会保障改革与发展报告 2019 [M]. 北京：人民出版社：10-20.

[15] 邓大松，薛惠元，2018. 城镇职工基础养老金全国统筹的阻碍因素与对策建议 [J]. 河北大学学报（哲学社会科学版），43（4）：103-112.

[16] 邓大松，杨晶，2018. 全国统筹条件下城镇职工养老保险统筹基金的精算评估 [J]. 中国地质大学学报（社会科学版），（3）：133-143.

[17] 邓大松，杨晶，2019 中国城镇职工基础养老金给付水平及其非均衡性评价：基于省级统筹和全国统筹的测算 [J]. 华中科技大学学报（社会科学版），（1）：17-28.

[18] 邓悦，汪佳龙，2018. 城镇职工基础养老金全国统筹中的央地关系研究：基于博弈论的分析视角 [J]. 社会保障研究，59（4）：4-13.

[19] 杜萌，2009. 养老保险省级统筹年底实现，利益平衡成最大阻力 [N]. 法制日报，2009-7-13（10）.

[20] 董克用，孙博，2011. 从多层次到多支柱：养老保障体系改革再思考 [J]. 公共管理学报，8（1）：1-9.

[21] 董登新，周亚娇，2017. 我国城镇职工基本养老保险统筹层次变迁研究 [J]. 改革与战略，（2）：116-119.

[22] 董克用，施文凯，2019. 城镇职工基本养老保险单位缴费基数：评析、问题与对策 [J]. 宏观经济研究，（6）：146-151，163.

[23] 房连泉，2019. 实现基本养老保险全国统筹的三种改革路径及利弊分析 [J]. 北京工业大学学报（社会科学版），（3）：8-16.

[24] 房连泉，魏茂森，2019. 基本养老保险中央调剂制度未来十年的再分配效果分析 [J]. 财政研究，（8）：86-98.

[25] 房连泉，周佳玲，2019. 基本养老保险实际费负：基于地区差异和就业结构的实证分析 [J]. 华中科技大学学报（社会科学版），（3）：11-18，43.

[26] 龚秀全，2007. 中国基本养老保险全国统筹的制度转换成本与路径研究 [J]. 人口与经济，（6）：64-69.

[27] 郭曦，徐昕，郭嘉，2016. 公平与效率视域下我国"统账结合"养老保险制度改革探析 [J]. 地方财政研究，(11)：34-39，59.

[28] 郭昌盛，2019. 我国养老保险制度的演进逻辑 [J]. 兰州学刊，(12)：86-102.

[29] 郭秀云，邵明波，2019. 养老保险基金中央调剂制度的省际再分配效应研究 [J]. 江西财经大学学报，(3)：73-84.

[30] 韩克庆，2018. 养老保险全国统筹的制度障碍与政策路径 [J]. 社会发展研究，(2)：101-109.

[31] 何文炯，2018. 权责清晰是全国统筹的基础 [J]. 中国社会保障，(4)：35.

[32] 何文炯，杨一心，2016. 职工基本养老保险：要全国统筹更要制度改革 [J]. 学海，(2)：58-63.

[33] 胡秋明，2011. 走向可持续的养老金制度：以国际经验的视角所作研究与分析 [J]. 中国社会保障，(10)：28-30.

[34] 胡晓义，2004. 关于逐步提高养老保险统筹层次 [J]. 中国社会保障，(1)：18-21.

[35] 胡玉琴，2011. 中国城镇企业职工基本养老保险账户的统计研究 [D]. 杭州：浙江工商大学：56-60.

[36] 贾洪波，方倩，2015. 基础养老金省级统筹到全国统筹再分配效应的比较静态分析 [J]. 保险研究，(1)：100-111.

[37] 贾玉娇，2019. 养老保险全国统筹的复杂性分析转向与框架 [J]. 华中科技大学学报（社会科学版），(1)：35-41.

[38] 金银凤，史梦昱，2019. 中央调剂金制度对地区养老保障发展状况影响研究 [J]. 财经论丛，(12)：35-43.

[39] 雷晓康，席恒，2011. 基本养老保险全国统筹的思路与支持条件 [J]. 行政管理改革，(3)：34-38.

[40] 雷晓康，席恒，2011. 基本养老保险全国统筹方案比较与选择 [J]. 中国社会保障，(6)：34-36.

[41] 李连芬，刘德伟，2015. 我国基本养老保险全国统筹的成本—收益分析 [J]. 社会保障研究，(5)：4-9.

[42] 李连芬，刘德伟，2013. 我国基本养老保险全国统筹的动力源泉与路径选择 [J]. 财经科学，(11)：34-43.

［43］李婷婷，2012. 养老保险全国统筹实现途径研究［D］. 沈阳：辽宁大学：8-10.

［44］李雪，陈元刚，2011. 我国基本养老保险实现全国统筹的方案设计［J］. 中共宁波市委党校学报，(1)：60-72.

［45］林宝，2016. 基础养老金全国统筹的待遇确定方法研究［J］. 中国人口科学，(2)：61-71，127.

［46］林宝，2018. 人口老龄化城乡倒置：普遍性与阶段性［J］. 人口研究，(3)：38-50.

［47］林毓铭，2007. 完善养老保险省级统筹管理体制的思考［J］. 市场与人口分析，(4)：57-63.

［48］林毓铭，2013. 体制改革：从养老保险省级统筹到基础养老金全国统筹［J］. 经济学家，(12)：65-72.

［49］刘昌平，2008. 养老金制度变迁的经济学分析［M］. 北京：中国社会科学出版社：187.

［50］刘昌平，2008. 可持续发展的中国城镇基本养老保险制度研究［M］. 北京：中国社会科学出版社：101-110.

［51］刘威，刘昌平，2018. 老龄化、人口流动与养老保险基金可持续性［J］. 江西财经大学学报，(3)：66-76.

［52］刘伟兵，韩天阔，刘二鹏，等，2018. 养老保险全国统筹中的待遇确定方法与"福利损失"研究［J］. 保险研究，(4)：86-97.

［53］刘兴鹏，2014. 我国地方政府职能转变的动力机制研究［D］. 武汉：武汉大学：78-90.

［54］卢建平，2014. 关于养老保险全国统筹的思考［J］. 中国劳动，(10)：18-21.

［55］陆解分，朱玉林，2002. 对提高养老保险基金统筹层次的探讨［J］. 财会研究，(1)：12-15.

［56］鲁全，2015. 全国统筹背景下基本养老保险管理体制中的央地责任划分机制研究［J］. 苏州大学学报（哲学社会科学版），(4)：44-49.

［57］栾富凯，2017. 基本养老保险全国统筹影响因素及实现途径［J］. 河北科技师范学院学报（社会科学版），(3)：112-115.

［58］马凯旋，侯风云，2014. 基本养老保险全国统筹：利益矛盾与协调［J］. 学习与实践，(2)：56-62.

［59］马永华，2010. 有限理性视角下养老保险统筹层次提高问题研究［D］. 北京：首都经济贸易大学：45-46.

［60］毛婷，2020. 中央调剂制度的综合效应分析［J］. 经济体制改革，（4）：33-41.

［61］穆怀中，2014. 养老保险统筹层次收入再分配理论研究［J］. 辽宁大学学报（哲学社会科学版），（6）：115-122.

［62］穆怀中，闫琳琳，张文晓，2014. 养老保险统筹层次收入再分配系数及全国统筹类型研究［J］. 数量经济技术经济研究，（4）：19-34.

［63］穆怀中，张楠，2018. 城镇养老保险缴费对就业影响的门槛效应研究［J］. 经济体制改革，（4）：20-25.

［64］尼古拉斯巴尔，2003. 福利国家经济学［M］. 郑秉文，等译. 北京：中国劳动社会保障出版社：56.

［65］庞凤喜，贺鹏皓，张念明，2016. 基础养老金全国统筹资金安排与财政负担分析［J］. 财政研究，（12）：38-49.

［66］裴育，史梦昱，贾邵猛，2019. 地区养老发展差异下的中央调剂金收付研究［J］. 河北大学学报（哲学社会科学版），（4）：62-71.

［67］彭浩然，呙玉红，2009. 我国基本养老保险的地区差距研究［J］. 经济管理，（8）：169-175.

［68］彭浩然，王琳琳，2019. 中央调剂金比例对养老保险基金地区差距的影响［J］. 保险研究，（7）：106-115.

［69］彭浩然，岳经纶，李晨烽，2018. 中国地方政府养老保险征缴是否存在逐底竞争？［J］. 管理世界，（2）：103-111.

［70］齐传钧，2019. 养老保险降费后养老金缺口预测及中长期应对措施［J］. 华中科技大学学报（社会科学版），（3）：19-25.

［71］齐海鹏，杨少庆，尹科辉，2016. 我国基础养老金全国统筹障碍分析及方案设计［J］. 地方财政研究，（11）：26-33.

［72］邱长溶，张立光，郭妍，2004. 中国可持续社会养老保险的综合评价体系和实证分析［J］. 中国人口、资源与环境，（3）：27-31.

［73］萨缪尔森，1996. 经济学（第十四版）［M］. 北京：首都经济贸易大学出版社：300.

［74］世界银行编写组，2006. 2006年世界发展指标［M］. 北京：中国财政经济出版社：83.

[75] 万春，邱长溶，2006. 我国养老保险体系的全国统筹模型建立及预测分析 [J]. 预测，25（3）：43-47.

[76] 王翠琴，田勇，薛惠元，2017. 城镇职工基本养老保险基金收支平衡测算：2016—2060：基于生育政策调整和延迟退休的双重考察 [J]. 经济体制改革，（4）：27-34.

[77] 王广州，王军，2019. 中国人口发展的新形势与新变化研究 [J]. 社会发展研究，（1）：1-20，242.

[78] 王国清，吕伟，2000. 事权、财权、财力的界定及相互关系 [J]. 财经科学，（4）：22-25.

[79] 王晓军，赵彤，2006. 中国社会养老保险的省区差距分析 [J]. 人口研究，（2）：44-51.

[80] 王银梅，李静，2018. 提高统筹层次能缓解养老保险基金缺口吗：基于面板数据的实证检验 [J]. 河北学刊，（5）：140-145.

[81] 吴刚强，董金岗，2015. 城镇职工基本养老保险全国统筹方案的设想 [J]. 中国市场，（51）：147.

[82] 吴俊泽，2016. 推进城镇职工基本养老保险全国统筹的实施思路及辅助措施 [J]. 企业改革与管理，（24）：20.

[83] 夏珺，李春根，2016. 基本养老保险全国统筹：理论依据、实施难点与政策要点 [J]. 地方财政研究，（11）：18-25.

[84] 肖严华，2011. 21世纪中国人口老龄化与养老保险个人账户改革：兼谈"十二五"实现基础养老金全国统筹的政策选择 [J]. 上海经济研究，（12）：88-100，116.

[85] 肖严华，左学金，2015. 全国统筹的国民基础养老金框架构建 [J]. 学术月刊，（5）：63-72.

[86] 徐森，米红，2014. 养老保险统筹基金"从全国调剂到全国统筹"方案的政策仿真 [J]. 中国社会保障，（8）：36-37.

[87] 薛惠元，张寅凯，2018. 基于基金收支平衡的城镇职工基本养老全调剂比例测算 [J]. 保险研究，（10）：114-127.

[88] 杨晶，2018. 我国基本养老保险基金保值增值的问题与对策 [J]. 当代经济管理，（11）：90-97.

[89] 杨菊华，王苏苏，刘轶锋，2019. 新中国70年：人口老龄化发展趋势分析 [J]. 中国人口科学，（4）：30-42，126.

[90] 杨俊, 2013. 社会统筹养老保险制度的困境与出路: 从分散统筹到全国统筹的转变 [J]. 教学与研究, (12): 23-30.

[91] 殷宝明, 2019. 实现跨国迁移人口社会保障全覆盖 [J]. 中国劳动, (5): 20-36.

[92] 殷宝明, 刘昌平, 2014. 养老金红利: 理论与来自中国的实证 [J]. 中国软科学, (10): 59-70.

[93] 袁志刚, 葛劲峰, 2003. 由现收现付制向基金制转轨的经济学分析 [J]. 复旦学报: 社会科学版, (4): 45-51.

[94] 袁志刚, 2005. 养老保险经济学 [M]. 上海: 上海人民出版社: 258.

[95] 约瑟夫·斯蒂格利茨, 刘卫, 2000. 设计适当的社会保障体系对中国继续取得成功至关重要 [J]. 经济社会体制比较, (5): 20-21.

[96] 曾康华, 李思沛, 2014. 合理划分政府间事权和支出责任的思考 [J]. 财政监督, (14): 5-7.

[97] 查瑞传, 1991. 人口普查资料分析技术 [M]. 北京: 中国人口出版社: 56-57.

[98] 张彬斌, 2014. 基本养老保险统筹层次提升路径分析 [J]. 中国劳动, (7): 10-13.

[99] 张利军, 2009. 中国养老保险统筹层次的改革路径与发展方向探讨 [J]. 中国劳动关系学院学报, (4): 74-78.

[100] 张向达, 刘儒婷, 胡鹏, 2011. 实现基本养老保险基金全国统筹路径探讨 [J]. 财经问题研究, (8): 60-65.

[101] 周宵, 刘洋, 2019. 中国基本养老保险统筹升级路径研究: 基于政府间事权和支出责任视角 [J]. 学习与探索, (4): 126-132.

[102] 郑秉文, 2008. 实现全国统筹是基本养老保险制度刻不容缓的既定目标 [J]. 理论前沿, (18): 12-15.

[103] 郑秉文, 2019. 社会保险缴费与竞争中性偏离: 对征收体制改革过渡期政策的思考 [J]. 中国人口科学, (4): 2-16.

[104] 郑秉文, 孙永勇, 2012. 对中国城镇职工基本养老保险现状的反思: 半数省份收不抵支的本质、成因与对策 [J]. 上海大学学报（社会科学版）, (3): 1-16.

[105] 郑秉文, 张峰, 2012. 中国基本养老保险个人账户基金研究报

告 [M]. 北京：中国劳动社会保障出版社：102-103.

[106] 郑功成，2002. 中国社会保障制度变迁与评估 [M]. 北京：中国人民大学出版社：80.

[107] 郑功成，2008. 实现全国统筹是基本养老保险制度刻不容缓的既定目标 [J]. 理论前沿，(18)：12-15.

[108] 郑功成，2010. 尽快推进城镇职工基本养老保险全国统筹 [J]. 经济纵横，(9)：29-32.

[109] 郑功成，2014. 尽快实现职工养老保险全国统筹 [N]. 商务时报，2014-01-25 (11).

[110] 郑功成，2015. 从地区分割到全国统筹：中国职工基本养老保险制度深化改革的必由之路 [J]. 中国人民大学学报，(3)：2-11.

[111] 周宵，刘洋，2019. 中国基本养老保险统筹升级路径研究：基于政府间事权和支出责任视角 [J]. 学习与探索，(4)：126-132.

[112] 周小川，2000. 社会保障与企业盈利能力 [J]. 经济社会体制比较，(6)：1-5.

[113] 朱金楠，2011. 关于基本养老保险统筹层次的研究述评 [J]. 劳动保障世界（理论版），(11)：33-37.

[114] BARR N, 2001. Economic theory and the welfare state [J]. Edward Elgar Library in Critical Writings in Economics, 2 (2)：83.

[115] CASEY B MULLIGAN, XAVIER SALA-I-MARTIN, 1999. Gerontocracy, retirement and social security [J]. NBER Working Papers：7117, 574-578.

[116] DE DONDER, PHILIPPE, HINDRIKS JEAN, 2003. Policy-oriented parties and the choice between social and private insurance [J]. IDEI Working Paper：453-454.

[117] DIAMOND P, 2006. The economics of pensions [J]. Oxford Review of Economic Policy, 22 (1)：15.

[118] HERRY AARON, 1982. Economic effects of social security [M]. Washington D. C.：The Bookings Institution Press：3-8.

[119] JOHANNA RICKNE, 2013. Labor market conditions and social insurance in China [J]. China Economic Review, (27)：52-68.

[120] JOHN B WILLIAMSON, CATHERINE DEITELBAUM, 2005. So-

cial security reform: does partial privatization make sense for China? [J]. Journal of Aging Studies, 2 (19): 257-271.

[121] JOSEPH E STIGLITZ, 2000. Capital market liberalization, economic growth, and instability [J]. World Development, 6 (28): 1075-1086.

[122] LAURENCE J KOTLIKOFF, JOHN B SHOVEN, AVIA SPIVAK, 1987. Annuity markets, savings, and the capital stock [G]. ZVI BODIE, JOHN B. SHOVEN, DAVID A. WISE. Issues in pension economics. Chicago: University of Chicago Press, 211-234.

[123] LAURENCE J KOTLIKOFF, AVIA SPIVK, 1981. The family as an incomplete annuities market [J]. Journal of Political Economy, 89 (2): 372-391.

[124] LEVIN LAWRENCE, 1998. Are assets fungible? testing alternative theories of life-cycle savings [J]. Journal of Economic Behavior and Organization, 36 (1): 59-83.

[125] MARK SELDEN, LAIYIN YOU, 1997. The reform of social welfare in China [J]. World Development, (10) 25: 1657-1668.

[126] MARTIN FELDSTEIN, 1974. Social security, induced retirement and aggregate capital accumulation [J]. Journal of Political Economy, 82 (5): 905-926.

[127] MARIN FELDSTEIN, JEFFREY B LIEBMAN, 2001. Social security [J]. NBER Working Papers: 8451, 87-88.

[128] NICHOLAS BARR, PETER DIAMOND, 2010. Pension reform: a short guide [M]. Oxford: Oxford University Press, 33.

[129] FARRINGTON, JOHN SAXENA N C, 2004. Protecting and promoting livelihoods in rural India: what role for pension? [J]. In ODI Opinions, (2): 17.

[130] ROBERT J BARRO, 1978. The impact of social security on private saving: evidence from the United States time series [M]. Washington D. C.: American Enterprise Institute: 47.

[131] ROBERT J BARRO, GLENN M MACDONALD, 1979. Social security and consumer spending in an international cross section [J]. Journal of Public Economics, 11 (3): 275-290.

［132］ROFMAN R, LUCCHETTI L, 2006. Pension systems in Latin A-merica: concepts and measurements of coverage ［Z］. Washington: World Bank, Social Protection Discussion Papers.

［133］TAMARA TRINH, 2006. China's pension system: caught between mounting legacies and unfavorable demographics ［J］. Deutsche Bank Research, 20 (1): 45-46.

［134］WHITEFORD P, WHITEHOUSE E R, 2006. Pension challenges and pension reforms in OECD countries ［J］. Oxford Review of Economic Policy, 22 (1): 78-94.

附　录

本书第四章提及的数据源于《中国统计年鉴》《中国人力资源和社会保障统计年鉴》《降低社会保险费率综合方案》，具体见附表 1、附表 2、附表 3、附表 4、附表 5、附表 6、附表 7。

附表 1　各省份城镇私营单位就业人数　　　　单位：万人

省份	2013 年	2014 年	2015 年	2016 年	2017 年
北京	420.5	553.3	638.4	685.2	734.2
天津	132.4	141.8	158.7	179.1	201.4
河北	430.2	373.7	429.9	510.7	572.3
山西	232.1	250.5	272.3	323.1	356.7
内蒙古	341.5	437.3	416.3	427.5	499.4
辽宁	612.7	675.1	576.7	522.2	551.8
吉林	361.1	392	441.1	439.9	433.2
黑龙江	392.3	353.5	253.5	313.4	355.2
上海	426.3	500.3	585.7	641.2	714.4
江苏	1 678.6	1 776.8	1 977.7	2 296.5	2 553.9
浙江	1 008.5	1 208.4	1 495.1	1 605.9	1 753.6
安徽	523.9	655.4	755.1	879.8	1 013.6
福建	485.8	562.9	666.5	846.6	938.1
江西	368.4	450.5	517.1	547.5	580.7
山东	762	861.3	905.4	915.4	954.8
河南	459.2	604.3	712.7	880.4	1 114
湖北	623	809.6	852.6	829.6	871.1

省份	2013 年	2014 年	2015 年	2016 年	2017 年
湖南	652.9	810.2	917.6	468.5	524.6
广东	1 670.1	2 106.5	2 550.9	3 071.3	3 551.1
广西	297.7	343	380.5	499.8	519
海南	119.1	133.7	143.6	139.3	156
重庆	505.7	614.3	726.1	824.8	921.9
四川	514	687.5	1 126.5	1 135.1	561.3
贵州	170.1	185.5	192.7	193.9	231.3
云南	401.9	438.4	197.2	311.2	403
西藏	44.5	47.4	65.1	84.9	90.9
陕西	300.9	355.4	404.7	440.7	485.9
甘肃	166.5	189.9	210.3	225	244.2
青海	49.9	54.1	56.7	67.6	84.2
宁夏	56.7	75.1	93.6	107	116.7
新疆	176.2	218.8	259.2	297.3	586.3

附表 2　各省份城镇私营单位平均工资　　　　　单位：元

省份	2013 年	2014 年	2015 年	2016 年	2017 年
北京	48 027	52 902	58 689	65 881	70 738
天津	41 975	47 838	53 352	57 216	59 740
河北	28 135	31 459	34 084	36 507	38 136
山西	27 580	29 203	30 195	30 501	31 745
内蒙古	33 245	34 778	35 512	36 114	36 626
辽宁	30 233	32 123	33 812	34 615	35 654
吉林	24 244	26 140	27 774	30 184	33 209
黑龙江	24 750	26 960	28 586	30 533	32 422
上海	32 828	37 377	41 762	47 177	52 038
江苏	36 308	39 975	43 689	47 156	49 345
浙江	35 302	38 689	41 272	45 005	48 289
安徽	30 872	35 268	37 148	39 110	41 199
福建	36 657	40 813	43 385	46 326	48 830
江西	27 819	30 149	33 329	36 868	40 310
山东	34 317	38 911	43 608	48 156	51 992
河南	23 936	27 414	30 546	33 312	36 730
湖北	25 898	28 534	31 051	34 167	37 142
湖南	27 637	30 568	33 033	34 582	36 978
广东	36 943	41 295	44 838	48 236	53 347
广西	28 508	31 638	33 519	36 089	38 227
海南	30 002	32 707	37 093	40 675	45 640
重庆	35 666	40 139	44 213	47 345	50 450
四川	29 830	32 671	35 127	37 763	40 087
贵州	29 370	32 785	36 044	39 058	41 796
云南	26 738	32 055	35 015	38 183	40 656
西藏	—	—	—	—	—
陕西	26 454	30 483	33 220	35 676	37 472

省份	2013 年	2014 年	2015 年	2016 年	2017 年
甘肃	24 334	27 273	31 091	35 685	37 704
青海	26 226	30 337	32 248	34 908	36 588
宁夏	32 097	33 229	36 322	37 926	38 982
新疆	33 409	36 199	37 598	38 776	39 958

省份	2013 年	2014 年	2015 年	2016 年	2017 年
北京	6 869.8	7 687.6	8 643.5	9 463.3	10 676
天津	2 053.8	2 154	2 373.1	2 484.3	2 556.7
河北	2 724.1	2 965.5	3 289.5	3 518.8	3 356.3
山西	2 161.1	2 220.9	2 285.5	2 303.3	2 558.3
内蒙古	1 599.1	1 672.3	1 741.1	1 828.2	1 890.1
辽宁	3 229.7	3 280.2	3 310.7	3 173.3	3 200
吉林	1 476.6	1 589.9	1 718.7	1 824.8	1 899
黑龙江	1 947.9	2 033.1	2 164.2	2 251.4	2 368.6
上海	5 676.6	6 551.3	7 064.4	7 601.4	8 258.9
江苏	8 396.4	9 551.6	10 194.2	10 583.2	11 433.4
浙江	5 985.1	6 666.8	7 110.2	7 673.1	8 319.1
安徽	2 464.5	2 631.6	2 823.8	3 012.8	3 323.7
福建	3 135.3	3 459	3 764.3	4 085.9	4 425
江西	1 878	2 118.3	2 425.2	2 611.2	2 799.5
山东	6 098.8	6 545.4	7 054.6	7 531.7	8 059.3
河南	4 048.7	4 594.2	5 024.1	5 539.8	6 094.8
湖北	3 012.4	3 471.3	3 826.4	4 210.7	4 505.9
湖南	2 538.1	2 800.1	3 010.3	3 262.7	3 541.6
广东	10 467.4	11 764.8	12 918.8	14 156.8	15 511.6
广西	1 634.2	1 800.4	2 115.3	2 282	2 487.5
海南	437.7	502.8	574.8	616.2	674.4
重庆	1 960.3	2 258.6	2 493.4	2 665.1	2 834.1
四川	4 003.5	4 243	4 643.5	4 946.3	5 387.3
贵州	1 387.1	1 589.6	1 804.2	2 022.6	2 235.5
云南	1 786.7	1 909.3	2 149.8	2 491.7	2 869.3
西藏	177.7	198.4	323	320.9	356.8
陕西	2 409.4	2 662.4	2 852	3 051.3	3 310.5

省份	2013 年	2014 年	2015 年	2016 年	2017 年
甘肃	1 109	1 247.3	1 385.1	1 495.7	1 623.9
青海	330.5	358.3	384.1	419.6	478.2
宁夏	389.9	424.3	448.3	468.3	508.2
新疆	1 674.7	1 865.1	2 091.6	2 178.5	2 345.9

省份	2013 年	2014 年	2015 年	2016 年	2017 年
北京	93 006	102 268	111 390	119 928	131 700
天津	67 773	72 773	80 090	86 305	94 534
河北	41 501	45 114	50 921	55 334	63 036
山西	46 407	48 969	51 803	53 705	60 061
内蒙古	50 723	53 748	57 135	61 067	66 679
辽宁	45 505	48 190	52 332	56 015	61 153
吉林	42 846	46 516	51 558	56 098	61 451
黑龙江	40 794	44 036	48 881	52 435	56 067
上海	90 908	100 251	109 174	119 935	129 795
江苏	57 177	60 867	66 196	71 574	78 267
浙江	56 571	61 572	66 668	73 326	80 750
安徽	47 806	50 894	55 139	59 102	65 150
福建	48 538	53 426	57 628	61 973	67 420
江西	42 473	46 218	50 932	56 136	61 429
山东	46 998	51 825	57 270	62 539	68 081
河南	38 301	42 179	45 403	49 505	55 495
湖北	43 899	49 838	54 367	59 831	65 912
湖南	42 726	47 117	52 357	58 241	63 690
广东	53 318	59 481	65 788	72 326	79 183
广西	41 391	45 424	52 982	57 878	63 821
海南	44 971	49 882	57 600	61 663	67 727
重庆	50 006	55 588	60 543	65 545	70 889
四川	47 965	52 555	58 915	63 926	69 419
贵州	47 364	52 772	59 701	66 279	71 795
云南	42 447	46 101	52 564	60 450	69 106
西藏	57 773	61 235	97 849	103 232	108 817
陕西	47 446	50 535	54 994	59 637	65 181

省份	2013 年	2014 年	2015 年	2016 年	2017 年
甘肃	42 833	46 960	52 942	57 575	63 374
青海	51 393	57 084	61 090	66 589	75 701
宁夏	50 476	54 858	60 380	65 570	70 298
新疆	49 064	53 471	60 117	63 739	67 932

附表5　各省份在职参保人数　　　　单位：万人

省份	2013 年	2014 年	2015 年	2016 年	2017 年
北京	1 091.3	1 163.7	1 187.5	1 271.2	1 321.4
天津	352.3	370.2	384.2	430.4	441.2
河北	859.6	908.3	952	1 011.8	1 102
山西	491.9	501.1	512.9	543.6	555.7
内蒙古	323.8	332.2	370.8	418.6	437.2
辽宁	1 171.7	1 167.3	1 139.7	1 120.5	1 195.5
吉林	406.8	415.6	420	420.1	482.3
黑龙江	639.9	646.7	646.9	655.6	682.2
上海	992.4	1 005	1 028.4	1 050.9	1 059
江苏	1 987.8	2 054.3	2 098.8	2 137.3	2 238.5
浙江	1 976.5	2 079.2	1 934	1 843	1 964.9
安徽	592.2	596.9	610.9	634.3	754.1
福建	679.6	708.1	736.6	805.7	840.1
江西	547.1	562.8	587.9	672.7	697.6
山东	1 800.4	1 858.7	1 923.1	1 969	2 022.2
河南	1 024.4	1 089.3	1 149	1 398.1	1 437.6
湖北	823.5	847	874.9	897.1	1 020.5
湖南	762.2	769.8	791.1	823.8	856.6
广东	3 761.7	4 363.6	4 613.3	4 867.9	4 718
广西	365.8	377.3	389.8	511.2	525.9
海南	174.4	182.4	187.9	158.5	172
重庆	497.8	532.2	544.4	605.9	628.3
四川	1 124.1	1 191.6	1 250.1	1 379.8	1 519
贵州	254.7	274.3	297.3	323.9	446.9
云南	268.6	279.2	291.1	413.8	420.1
西藏	10.5	11.6	12.4	15.1	33.7
陕西	493	516.1	544.2	577.3	706.9

省份	2013 年	2014 年	2015 年	2016 年	2017 年
甘肃	188.5	193.9	197	200.9	288.2
青海	62.8	65.7	69.9	90.9	95.6
宁夏	101.8	107.2	111.1	131.5	145
新疆	332.5	341.6	344.7	428.5	442.1

附表6 各省份离退休人数　　　　　单位：万人

省份	2013 年	2014 年	2015 年	2016 年	2017 年
北京	220	228.9	236.7	275.4	283.1
天津	168.4	175.3	180.9	208.6	213.8
河北	335.1	353.6	368.5	391.3	433.8
山西	180.5	190.9	201.4	216.6	243
内蒙古	172.7	192.7	208.1	236.5	257.1
辽宁	557.8	601.9	640.5	679.7	754.4
吉林	248.4	261.1	273.7	286.7	332.2
黑龙江	422.2	443.4	471.1	488.5	523.9
上海	437.5	452.4	465.4	476.3	489.2
江苏	594.3	637.6	681.1	724.2	796.1
浙江	398.9	468.8	570.3	663.9	747.5
安徽	219.1	232.3	246.7	257.9	322.9
福建	133.2	140.2	147.1	174	182
江西	207	221.1	235.2	284.6	307.7
山东	459.2	511.5	554.4	607.4	638.8
河南	325.6	342.3	359.8	450.3	460
湖北	395.9	419.2	440.6	458	526.1
湖南	329.5	349	369	362.9	422.7
广东	421.3	445.9	473.3	524.6	569
广西	172.6	180.3	186.9	240.7	251.9
海南	57.1	59.9	62	66.5	68.9
重庆	275.4	293.3	304.9	346.3	360.8
四川	596.2	648.1	688.9	777.8	816
贵州	82.6	87.1	94.8	99.6	141.3
云南	115.7	118.7	121.8	168	171.3
西藏	3.5	3.7	3.8	6	9.2
陕西	191.9	200.3	207.5	213.6	246.4

省份	2013 年	2014 年	2015 年	2016 年	2017 年
甘肃	99.9	105	109.2	114.1	141.6
青海	27.6	28.8	30.1	41.4	42.8
宁夏	41.9	44.2	46.4	57.8	60.2
新疆	143.8	149.1	154.8	196.5	204.3

省份	2013 年	2014 年	2015 年	2016 年	2017 年
北京	446.5	489.6	635.7	769.6	828.7
天津	39.7	42.7	34.8	1.3	58.2
河北	58	5.7	−63.1	−48.1	27.6
山西	161.2	108	31.6	41.1	152.3
内蒙古	50.1	15.6	2.6	−15.3	146.3
辽宁	171.1	56.3	−113	−254.2	−343.8
吉林	14.6	2.3	−40.7	−40.3	−2.9
黑龙江	−40.4	−106.1	−192.5	−327	−293.7
上海	255.5	183	190.9	421.5	196.3
江苏	370.3	338.4	309.2	238.9	330.3
浙江	333.1	398.6	374.8	201	415.9
安徽	156.1	136.6	160.4	142.8	208.7
福建	73.6	74.4	85.9	103.7	118.8
江西	52.8	45.5	68.5	27.7	111.5
山东	218.5	115	260.4	152.2	−69.4
河南	122.3	92.1	66.1	53	49.7
湖北	62.5	27.2	28.8	−28.2	−70.6
湖南	111.6	81.1	60.7	67.7	99
广东	792.5	770.3	1 088.1	1 140	1 559
广西	3.6	1.4	8.2	3.8	95.1
海南	7.3	2.3	10.5	20.2	39.1
重庆	99.2	104.6	93.5	79.4	62.3
四川	285.3	263.6	153	60	1 019.5
贵州	61.7	52	73.2	47.4	91.4
云南	80	70	77.5	163.2	137.1
西藏	7.5	8.4	9.4	27.7	46.1
陕西	71.2	33.3	−8.1	12.8	87.4

省份	2013 年	2014 年	2015 年	2016 年	2017 年
甘肃	33.3	39.6	4.6	10.1	27.8
青海	3.3	2.3	-7.9	-13.3	-7.9
宁夏	7.8	-1.1	6.8	23.9	21.6
新疆	97.8	100	116.6	118	100.1

后 记

    从开始接触中央调剂制度这个选题至完稿，已有近五年时间。这五年里，我有过因为蹦出一点点新想法而兴高采烈，也有过冥思苦想仍不解所惑的低落彷徨。当看到这本书稿成形的时候，我内心十分复杂，写作过程中的日日夜夜如电影一般在眼前放映。

    在书稿即将付梓之际，我心中唯有感谢。感谢自己未曾在写作遇到困难时放弃，也感谢在写作过程中给予我诸多指导与帮助的各位老师，他们的每一次指导都让我茅塞顿开、醍醐灌顶。我还要感谢我亲爱的家人，没有他们的支持、鼓励与陪伴，我很难度过一个又一个的艰难时刻，感恩之情难以用言语表达，谨以此书献给我的家人们。同时，也感谢西南财经大学出版社编辑的大力支持和辛苦付出！

    尽管我在写作过程中力求尽善尽美，但本书仍存在不足之处，敬请各位同行、学者批评指正。

毛婷

2024 年 9 月